설득의 언어

설득의 언어

공감을 무기로 소리 없이 이기는 비즈니스 심리 전략

유달내 지음

INFLUENTIAL
인플루엔셜

논리와 마음을 움직이는 효과적인 설득의 기술

우리는 자신이 원하는 방향으로 타인에게 영향을 주어야 하는 크고 작은 상황을 끊임없이 마주한다. 다른 사람을 움직이려면 상황에 맞는 행동을 위한 다양한 전술이 필요하다. 호소를 하거나 현혹할 수 있고, 대신 무엇을 주겠다고 협상을 시도할 수도 있다. 바람직하진 않지만 우월한 위치에 있다면 협박도 방법이 될 것이다. 넓은 의미에서 본다면 설득은 이 모든 것을 포괄한다. 그러나 설득의 개념을 정확히 좁혀보면 거래나 위압이 아니라 상대의 마음을 얻는 것이 핵심이다.

이 책은 설득의 언어에 관한 책이다. 더 자세히 이야기하자면 비즈니스 상황에서 상대방이 당신이 제시하는 정보와 논리가 맞다고 수긍해서, 당신이 원하는 방향으로 결정하게 만드는 설득 커뮤니케이션에 집중한다. 회사에서는 협상의 카드로 제시할 이권이나 상대방을 강제할 힘 없이 정보와 논리로 의사결정을 이끌어내야 하는 경우가 대부분이다. 우리가 원하는 목표를 향해 나아가려면 다양한 커뮤니케이션 전술이 필요하며, 그중 설득은 가장 강력한 힘을 지닌다.

전략컨설턴트로 오래 일했다고 소개하면 "논리적으로 따지는 것을 잘 하시겠어요. 설득할 때 웬만하면 다 이길 것 같은데요."라는 이야기를 듣고는 한다. 사실관계 분석에 기반한 논리 도출과 이를 설명하는 것이 핵심인 직업인지라 이 부분에 강점이 있다고 봐 주는 것이니 감사할 따름이다. 반대로 학부와 대학원에서 심리학을 전공했다고 말하면 "심리학을 전공했으니 사람의 마음을 잘 읽고 움직일 수 있나요? 정신 바짝 차리지 않으면 저도 설득당해버리겠어요."라며 농담 섞인 경계를 하곤 한다. 아무래도 생각의 패턴이나 무의식에 영향을 주는 방법을 더 잘 알 것이라는 기대가 있는 듯하다.

나는 심리학 전공자로 사람의 생각 메커니즘에 대한 오랜 호기심을 품고 있었다. 또한 20여 년 동안 전략컨설턴트로 일하면서 경영진을 설득하는 일을 해왔기 때문에 설득 커뮤니케이션은 내게 중요한 관심사였다. 사람의 마음을 읽어 커뮤니케이션을 더 잘하고 싶은 관심은 꾸준히 높다. 흥미로운 심리학 이론을 실생활과 연결하는 많은 책이 이런 호기심을 반영하고 있다. 그렇다면 설득에 있어 사람의 마음을 움직이는 것과 사실과 논리를 잘 정리하여 전달하는 것 중 무엇이 더 중요할까? 점심 메뉴를 정하거나 가격의 흥정, 개인적인 부탁 등 일상에서의 간단한 설득은 심리학 이론에 기반한 '잔기술'만으로 소기의 성과를 달성할 수 있다. 그러나 중대한 비즈니스 결정 상황이라면 이야기는 달라진다.

비즈니스 설득은 복잡성이 높고, 여러 이해관계가 얽혀 있는 결정을 다룬다. 또 대등한 관계가 아닌, 나보다 더 많은 권한을 가진 상급자를 대해야 하는 경우가 대부분이다. 공식적인 결정을 내리는 사람은 자신의 결정이 정당함을 조직원들에게 설명할 수 있도록 정리된 근거가 필요하다. 이런 특징 때문에 비즈니스 설득은 타당한 안을 준비하고, 이를 뒷받침하는 사실과 논거를 충분히 잘 전달하는 것이 핵심이다.

그렇다고 해서 마음을 움직이기 위한 기술이 의미가 없는 것은 아니다. 내용이 논리적으로 맞다 하더라도 설득의 대상이 경청할 마음이 없거나 이해하지 못하면 소용이 없다. 사람의 마음이 어떻게 움직이며, 인지적으로 정보는 어떻게 처리되는지에 대한 이해는 상대방이 내용을 잘 받아들일 수 있는 배려로 이어지고, 이는 설득을 더 용이하게 만든다.

누구나 사회 초년생 시절을 뒤돌아보면 부끄럽게 기억되는 부족한 모습이 있을 것이다. 내 경우 보고서에 들어갈 정보의 정확성에만 집중하던 시절이다. 비용절감 프로젝트에서 타깃 수준이 적절하다는 것을 '증명'하기 위해 숫자와 시나리오에 파묻혀 밤을 새다시피 일했다. 이견이 많은 결정이라 압도적으로 많은 근거를 제시해야 한다고 생각하고 있을 때 경험이 많은 선배는 오히려 여러 사람을 만나러 다니는 것이 아닌가. 일정에 맞춰 분석을 마치는 것도 버거운 시기였는데 말이다. 하지만 이해관계자들이 무엇을 염려하고 의심하는지를 잘 알아챈 선배가 결과적으로 프로젝트 성공에 가장 크게 기여했다.

독자들이 나와 같은 실수를 하지 않기를 바라는 마음으로 성공적인 비즈니스 설득을 위한 7가지 원칙을 정리했다. 이 책을 통해 복잡한 설득 커뮤니케이션에서 자신의 주장을 상대방이 경청하게 만들고, 잘 이해할 수 있도록 전달하는 방법을 터득할 수 있다. 이와 동시에 마음을 움직이는 다양한 심리적 기제를 이용해 그 과정을 더욱 매끄럽게 만드는 방법을 배우게 될 것이다. 책은 주로 비즈니스 상황을 가정하고 썼지만, 일상의 중요한 결정에도 동일하게 적용된다.

제1원칙과 제2원칙은 설득에 임하는 자세와 관점 전환의 필요성을 다루고 있다. 제1원칙 '설득하지 않는다'는 일방적인 설득은 오히려 역효과를 불러오며, 설득의 대상이 결정 과정을 주도하고 있다고 자연스럽게 생각하게 하는 것의 필요성을 강조한다. 제2원칙 '공감에서 시작하라'는 설득을 시작하기 전부터 그 대상의 시각에서 상황을 바라보려는 노력의 중요성을 설명한다.

제3원칙과 4원칙은 설득을 위해 전달할 내용을 구성할 때 기억해야 하는 원칙이다. 제3원칙은 상대방의 스토리로 설득하는 것이 어떻게 효과를 높이는지 살펴본다. 제4원칙 '단순하게 설득하라'는 내용이 복잡해지면 오히려 설득의 효과가 떨어진다는 것을 다양한 심리적 기제를 통해 소개하였다.

제5원칙 '완벽한 설득의 연출가가 되라'는 설득의 논리와 내용을 넘어서 메시지가 전달되는 순서, 포맷, 참석자와 같은 프로세스의 전략적인 접근에 대해 말한다. 특히 회사와 같은 조직 내에서 의사결정이 이루어져야 할 때에는 프로세스의 중요성이 더욱 증가한다.

제6원칙 '프레임을 설정하라'는 전체적인 설득 메시지를 어떠한 틀을 통해 바라보게 할 것인가 이야기한다. 프레임은 주어진 정보를 받아들이고 해석하는 마음의 틀로 설득에 있어 지대한 영향력을 가진다. 이 장에서는 비즈니스 설득에 적용할 수 있는 여러 프레임을 알아보고, 전략적으로 적합한 프레임을 제시할 수 있는 방안을 다룰 것이다.

마지막 제7원칙 '설득에 유리한 환경을 만들어라'는 설득 성공의 확률을 높이기 위해 커뮤니케이션이 이루어지는 시간과 장소, 채널 들을 활용할 수 있는 다양한 요령을 다룰 것이다. 심리편향을 이용한다고 볼 수도 있지만, 설득의 대상이 내용에 집중할 수 있는 환경을 조성하는 배려의 마음이 우선이다.

많은 사람에게 실질적인 도움이 되기를 바라는 마음에 컨설턴트로 일하면서 활용한 다양한 도구와 실제 사례를 풍부하게 담고자 노력했다. 이 책에서 공유한 다양한 연구자의 고민과 나의 경험을 바탕으로 독자들이 시도하는 설득이 좀 더 쉬워지고, 원만해지며, 강력해지기를 소망한다.

프롤로그 논리와 마음을 움직이는 효과적인 설득의 기술 4

1장 설득하지 않는다

- 마음을 바꾸는 것은 왜 어려운가 17
- 상대가 '나의 결정'이라고 생각하게 만든다 24
- 설득이라는 퍼즐을 완성하는 선택지의 구조화 28
- 마감 시한은 어떻게 설득의 도구가 되는가 33
- CASE 자신감이 하늘을 찌르는 상대를 설득할 때 36

2장 공감에서 시작하라

- 설득의 시작은 상대의 입장이 되어보는 것이다 45
- 공감지도로 상대의 마음을 탐색하기 52
- 두괄식 vs. 미괄식, 설득 스토리는 어떻게 전개해야 할까 57
- 내 편이 되어줄 든든한 조력자를 확보하라 61
- 결정에 영향을 미치는 상대의 욕구는 무엇인가 65
- CASE 어려운 과제에 도전하는 상대를 설득할 때 70
- CASE 혁신적인 시도를 설득할 때 77

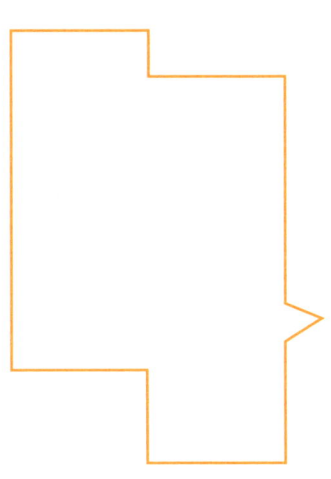

3장 상대방의 스토리로 말하라

- 이야기의 초점을 누구에게 맞출 것인가 87
- 효과적인 설득은 상대의 결정을 최선으로 만든다 90
- 넥스트 보스의 관점으로 스토리를 준비하라 93
- `CASE` 목표 수준을 낮춰야 한다고 설득할 때 98

4장 단순하게 설득하라

- 이해하기 쉬워지면 설득 가능성이 커진다 109
- 설득의 근거 구조는 다다익선이 아니다 112
- 복잡한 내용을 쉽게 정리하는 일타강사식 설득법 117
- 말 너머에 숨어 있는 상대를 파악하라 122
- `CASE` 예산 증액을 설득할 때 124
- `CASE` 경쟁자를 누르고 선택되어야 할 때 129

5장 완벽한 설득의 연출가가 되라

- 한 방을 노리는 설득은 실패를 부른다 139
- 이해관계자 지도로 설득 프로세스를 디자인하라 144
- 어떤 사람이 어떤 역할을 할 것인가 147
- 설득 로드맵에 따라 에피소드를 연결하라 153
- 어떤 형식으로 소통할 것인가 158
- 설득의 고수는 완벽한 보고 시점을 찾아낸다 162
- CASE 이해관계가 복잡한 문제를 풀어야 할 때 165

6장 프레임을 설정하라

- 어떤 창을 통해 문제를 바라볼 것인가 175
- 손실 프레임과 이익 프레임의 효과적인 접근법 180
- 최선의 선택은 목적에 따라 달라진다 186
- 매몰비용의 오류에 빠지지 않으려면 190
- CASE 나쁜 소식을 전할 때 196
- CASE 불확실성을 감수하고 결정하도록 설득할 때 204

7장 설득에 유리한 환경을 만들어라

- 설득의 성공 확률을 높이는 인지편향 215
- 메시지에 후광을 더하는 메신저 효과 220
- 설득이 쉬워지는 시간은 언제일까 229
- 장소에 따라 성공 확률이 달라진다 234
- CASE 상대방의 관심이 저조할 때 238
- CASE 잘못에 대해 피드백할 때 244

에필로그 인공지능이 설득을 대신할 수 있을까 255
주(註) 257

1장

설득하지 않는다

마음을 바꾸는 것은
왜 어려운가

우리는 선택과 결정에 있어 '자율성'을 원한다. 너무 노골적으로, 너무 열심히 설득하는 접근법은 오히려 설득의 대상이 마음을 닫아 내가 원하는 메시지 전달을 어렵게 만든다. 비즈니스 현장에서는 누구나 설득'당하는' 것을 싫어한다. 내가 틀렸고, 나를 설득한 사람이 나보다 더 똑똑하거나 그의 역량에 승복하는 것으로 비춰지기 때문이다.

특히 조직에서 중요한 의사결정을 하는 사람이라면 쉽게 타인의 의견에 설득당할 리가 없다. 그런 역할이 주어졌다면 높은 확률로 강한 자존심을 가지고 있을 것이다. 설득당하는 것에 대한 심리적 반발은 당사자가 인지하지 못하는 방식으로 합리적인 판단을 방해한다.

주변 사람의 반대가 심하면 오히려 더 지나치게 고집이 세지는 경우를 쉽게 볼 수 있다. 이런 경향을 '로미오와 줄리엣 효과'라고 부르거나, 심리학에서는 심리적 반발 이론으로 설명한다.[1] 이 이론에 따르면 인간은 어떤 선택 또는 행동을 할 때 자율성이 제한되거나 자유를 박탈당했다고 인식하면 관련된 제안, 대상, 규칙 등에 대해 부정적인 생각을 가지게 된다. 상대방이 나의 생각을 바꾸거나 조정하기 위해서 압박한다고 느끼는 순간 삐딱선을 타게 되는 것이다.

> **심리적 반발 이론**(psychological reactance theory)
> 개인이 자신의 결정과 행동을 선택할 수 있는 자유가 제한되거나 위협을 받고 있다고 상황을 받아들이면 이를 회복하기 위한 동기적 저항을 경험한다는 심리학 이론. 이런 저항은 제한되는 행동이나 선택을 더욱 매력적으로 생각하게 만든다.

보고 싶은 것만 보고, 듣고 싶은 것만 듣는 사람

삐딱선을 타는 마음 뒤에는 인지부조화 현상이 있다. 사람들은 기존에 가지고 있는 태도나 행동, 지식이 서로 모순되어 양립할 수 없는 불균형 상태가 되었을 때 이 상태에서 벗어나 일관성을 회복하기 위해 자신의 인지를 변화시키려는 경향을 강하게 보인다. 인지부조화는 기존에 가지고 있는 신념과 태도가 확고할수록 강력한 영향력을 발휘한다. 때문에 자신의 신념과 반대되는 정보를 접하게 되면 이를 객관적으로 받아들이는 것이 아니라 정보의 신뢰성과 진실성에 의심을 품게 된다.

인지부조화 이론[2]을 처음 정립한 사회심리학자 레온 페스팅거는 종말론을 믿는 시카고 지역의 광신도 집단을 밀착 연구했다. 그들은 1954년 12월 21일 지구가 종말을 맞이할 것이라고 주장했다. 신도들만이 구원받을 것이기 때문에 모든 재산과 생활을 정리하고 한곳에 모여 종말을 기다리며 기도했다. 그리고 모두가 알고 있듯 아무 일도 일어나지 않았다.

자신의 믿음이 틀렸다는 가장 강력한 증거를 마주한 이들은 어떻게 했을까? 인간이 합리적이라면 분명한 증거 앞에서 본인들이 틀렸음을 인정하고 사이비 종교는 와해되어야 할 것이다. 그러나 신도들의 반응은 예상과 크게 달랐다. 처음 몇 시간은 모두가 큰 충격을 받아 허탈해하는 모습을 보였지만, 몇 시간 뒤

> **인지부조화**(cognitive dissonance)
> 자신이 가진 태도, 신념, 행동 사이에 충돌 또는 부조화가 발생하면 불편함이 발생한다. 이러한 부조화를 해결하기 위해 사람들은 태도나 신념을 바꾸기도 하고, 스스로의 행동을 정당화하기도 한다.

그들은 자신들의 기도가 닿아 신이 지구에 한 번 더 기회를 준 것이라고 주장하기 시작했다.

여기, 비즈니스 현장에서 제품의 품질관리 체계를 완성하는 데 수년간 주도적인 역할을 해왔고, 큰 성과를 거둬 자부심을 가지고 있는 관리자가 있다. 그에게 자사 제품에 문제가 있으며, 경쟁사보다 품질이 못하다는 보고를 올리면 어떻게 될까. 그의 인지체계에 회사의 품질관리가 탁월하다는 신념과 정면으로 모순되는 정보가 들어온다. 관리자라면 이 불균형을 해소하기 위해 비교적 쉬운 쪽을 조정하려는 경향을 보일 것이다.

"누가 분석한 것인가? 정확하게 분석한 것이 맞나? 다시 검사해서 결과가 다르면 책임질 수 있나?" 이렇게 품질 분석 결과를 신뢰하지 않는 선택을 할 것이 유력하다. 아마 보고를 한 팀은 품질 개선안에 대한 논의는 시작도 못하고, 품질 검사 결과의 타당성을 설명하는 보고를 다시 준비해야 할지도 모른다.

확증편향은 사람의 논리적 추론에서 흔하게 관찰되는 오류로 인지부조화와 함께 누군가의 생각을 바꾸는 것을 어렵게 하는 대표적인 현상이다. 보고 싶은 것만 골라 보고, 듣고 싶은 것만 골라 듣는다. 1979년 찰스 로드 박사와 연구팀은 스탠퍼드 대학교 학생들을 대상으로 사형제도에 대한 태도를 분석했다.[3] 연구팀은 사형제도를 찬성하는 그룹과 반대하는 그룹에게 사형제도가 효과 있다는 연구 결과와 효과가 없다는 연구 결과를 모두 읽어보게 하였다. 이 상반된 연구결과를 읽은 뒤 두 그룹의 사형제도에 대한 태도는 어떻게 바뀌었을까.

두 가지 관점을 숙독한 뒤에도 입장은 바뀌지 않았을 뿐만 아니라 오히려 태도를 더욱 확고히 하는 양극화 현상이 벌어졌다. 자신의 입장을 지지하는 정보는 더욱 신뢰하는 반면, 반대의 입장을 지지하는 정보는 중요시하지 않거나 오류가 있다고 평가 절하했다.

사람들은 입장이 명확할수록 자신에게 부합하는 정보에 더 많은 관심을 기울이고 기억하는 경향을 보인다. 정치적으로 극단화된 가짜뉴스 클릭 장사가 근절되지 않는 배경에는 이런 확증편향이 작동한다. 보편적으로 합리적인 판단을 내리기 위해서는 스스로 객관적인 시각을 유지하기 위해 노력해야 한다.

확증 편향(confirmation bias)
자신이 가지고 있는 믿음이나 가정을 확인하는 방향으로 정보를 처리하는 경향을 말한다. 확증 편향은 기존의 생각에 부합하는 정보를 선택적으로 받아들이고, 반대되는 정보는 과소평가하거나 무시하는 방식으로 나타난다. 특히 의사결정이나 논쟁에서 다양한 관점을 수용하고 객관적으로 정보를 평가하는 데 방해가 될 수 있다.

설득은 '되는' 것이고, 납득은 '하는' 것이다

　사람을 설득해서 마음을 바꾸는 데 작용하는 인지부조화나 확증편향과 같은 장애 요인을 생각해보면, 누군가를 설득하는 것은 너무나 어려운 과제로 보인다. 특히 나보다 많은 권한과 힘을 가진 상대의 의견을 바꾸는 경우 더욱 그러하다. 결국 아랫사람은 보스의 심중을 눈치껏 읽어내 합리화하는 보고서를 준비하는 것이 직장생활 성공의 지름길인 것일까.
　설득의 가장 효과적인 방법은 '설득하지 않는 것'이다. 설득에 대한 이야기를 하면서 설득하지 말라니, 이게 무슨 소리란 말인가. 말 그대로 설득하지 말라는 의미가 아니다. 상대방이 설득당하게 밀어붙이는 것이 아니라, '납득'할 수 있는 설득을 해야 한다는 의미다.
　납득納得이라는 단어는 국어사전에서 "다른 사람의 말이나 행동, 형편 따위를 잘 알아서 긍정하고 이해함"이라고 정의한다. 설득은 '되는' 것이고 납득은 '하는' 것이다. 다시 말하면 납득할 수 있는 설득 커뮤니케이션은 설득의 대상이 주도적으로 정보를 취합해 주체적으로 결정하고 있다고 '느끼게' 배려하는 커뮤니케이션이다.
　상대방이 혼란스러운 상황에서, 또는 상대방이 원하지 않는 심리적·환경적 요인을 동원해 설득한다면 그 효과는 오래가지 못한다. 시간이 지나 결정을 바꿀 수도 있고, 그냥 진행하더라도 상대방의 설득에 대한 불쾌한 기억은 분명히 다음 만남에 영향을 줄 것이다. 어렵더라도 상대방이 충분히 이해하고 생각을 바꿀 수 있게 만드는 정공법이 중요한 이유이다.

상대가 '나의 결정'이라고 생각하게 만든다

　설득을 시도하는 사람이 취할 수 있는 태도에는 두 가지가 있다. 첫 번째 태도는 말하는 사람의 신뢰성을 강조하는 것으로 더 정확한 판단의 근거를 부각시킨다. 가장 자주 사용되는 방법으로는 제안에 후광을 더해 권위에 의한 설득 효과를 노리는 것이다. 해당 주제 전문가가 프로젝트에 참여한 것을 강조하거나 근거 자료가 세계적 권위를 가진 기관에서 인증함을 강조하기도 한다. 때로는 상대방보다 더 지위가 높은 '사장님 지시사항'이라는 명제로 밀어붙일 수도 있다. 컨설팅회사들이 유사한 프로젝트 수십 개를 수행했다는 경험을 강조하는 것도 같은 효과를 유도한다.
　두 번째 태도는 현명한 결정의 조력자로 포지셔닝하는 것이다. 설득의 대상이 내려야 하는 복잡하고 어려운 결정을 현명하게 판단할 수 있도록 적절한 정보를 전달하고 의논 상대가 된다. 이 노선을 선택할 경우 단호한 기술이 아닌 권유형으로 말투부터 바꿔야 한다. 상대방이 답을 찾아가는 사고과정을 '충분히 안내했다고 느낄 수 있는' 주고받음 또한 있어야 한다.

두 가지 태도 중 정답은 없다. 설득하는 사람이 객관적으로 충분한 권위를 인정받고 상대방이 '난 이 건에 대해서는 잘 모른다'는 입장이라면 첫 번째 포지셔닝이 효과적일 수 있다. 권위에 의한 설득은 강력한 기제이다. 아파서 병원에 간 환자는 의사의 진단에 왜 자신의 의견은 물어보지 않느냐고 따지지 않는다. 다만 의사가 이 병에 전문성이 있는지 궁금할 뿐이다.

비즈니스 상황에서 리더를 설득해야 한다면 두 번째 접근법이 더 효과적일 수 있다. 해외 시장 진출을 원하는 대표에게 해당 시장은 매력적이지 않다는 결론을 한 번에 밀어붙이는 것이 아니라 사전에 이런 대화를 해본다면 어떨까?

분석 작업 착수 3일차

지시하신 작업 착수해서 진행 중에 있습니다. 시장 매력도를 보기 위해 A, B, C 중심으로 조사해보겠습니다. 초기이지만 B에서는 매력적인 요소와 매력적이지 않은 요소가 혼재되어 보입니다. 정확한 판단을 위해 상세히 분석해야 할 부분이 있다면 조언 부탁드립니다.

분석 착수 7일차

지난 번 조언대로 B 부분을 집중해서 분석하다 보니 이러한 리스크 요인이 감지되어 집중적으로 분석해보고자 합니다. 확인 요청하신 부분이 매우 중요한 포인트였습니다. 처음 가설보다 매력도가 상당히 떨어지는 것으로 보이는데 혹시 저희가 놓치는 것이 보인다면 조언 부탁드립니다.

　실제로 분석이 필요한 부분은 보고자가 제안했고, 대표의 인풋은 별것 없었을지도 모른다. 하지만 최종 보고는 결정권자가 틀렸음을 승복해야 하는 자리가 아니다. 적극적인 중간 소통은 '현명하고 경험 많은' 대표가 지적한 부분을 반영하여 종합적이고 신중한 결정을 할 수 있게 된 모양새를 만든다.

　회사 생활 경험이 많다면 과정마다 확인을 받는 것이 번거롭거나 무능해 보일까 고민이 될 수 있다. 자신의 유능함을 강조하기 위해서는 상황별로 어떤 포지셔닝을 취할 것인지 영리하게 선택해야 한다. 그 기준은 내가 아닌, 설득의 대상에게 중요도가 높고 기존 입장이 명확한가가 된다. 상대방이 운전석에 있다고 인식하게 만들고, '나의 결정'이라고 생각할 수 있는 형태로 역할을 나누는 것이다. 잊지 말아야 할 것은 당신이 원하는 설득을 하길 바란다면 실제로 운전대를 잡고 있는 사람은 당신이어야 한다.

설득이라는 퍼즐을 완성하는
선택지의 구조화

　설득의 대상이 자신의 결정이라고 느끼지만 내가 원하는 설득을 완성시키려면 전략적으로 구성된 선택지를 만들어 제시해야 한다. 결정만 하면 되는 수준으로 잘 정리된 선택지를 제시받은 사람은 본인이 확고한 주도권을 가지고 있다는 마음을 가지게 된다. 실제로는 선택지를 어떻게 구조화하는가에 이미 설득의 80퍼센트가 진행된 것이다.
　선택지를 구조화하는 구체적인 방법을 통해 설득의 과정을 살펴보자. 부서가 새로 구입하는 장비 모델을 선정하는 논의를 생각해보자. 지금 우리는 A라는 모델의 선정을 설득하고 싶은 상황이다. 어떤 경우에 모델 A에 대한 결재가 더 쉽게 날 것 같은가?
　최저가를 선정해야 하는 상황이 아니라면, 평가표 1의 경우 A가 채택될 가능성이 높다. 모델 B는 싼 것이 비지떡인 것처럼 보이고, 모델 C는 3점 차이에 굳이 40만원을 더 지불해야 하는지 의문이 들기 때문이다. 반면 평가표 2와 같이 비교군이 만들어지면 모델 A가 선택될 확률은 줄어든다. 선택지 중 가장 고가의 모델은 확실한 근거가 있어야 그 선택을 정당화할 수 있기 때문이다. 7점 성능 개선이 10만원의 가치가 있는가에 대한 명확한 답이 없다면 모델 A는 D를 이기기 어렵다.

평가표 1

	모델 A	모델 B	모델 C
가격	150만 원	130만 원	190만 원
성능(평가 점수)	85점	70점	88점
A/S 조건 및 용이성	3년 무상, 절차 양호	4년 무상, 절차 불편	3년 무상, 절차 양호

평가표 2

	모델 A	모델 B	모델 D
가격	150만 원	130만 원	140만 원
성능(평가 점수)	85점	70점	78점
A/S 조건 및 용이성	3년 무상, 절차 양호	4년 무상, 절차 불편	3년 무상, 절차 양호

설득하지 않는다

이처럼 선택지를 만들 때 무엇과 비교할 것이냐, 또 각 선택지를 어떤 기준으로 비교할 것이냐를 잘 설정하는 것만으로도 상대방이 나와 동일한 기준으로 이 상황을 바라볼 가능성을 크게 올릴 수 있다.

선택지를 구성할 때 주의해야 할 사항은 두 가지가 있다. 첫째, 선택지 자체가 설득력이 있어야 한다. 우선 선택지는 MECE하게 구성되어야 한다. 선택지를 제시 받았을 때 중요하게 고려할 수 있는 선택이 빠져 있거나 각 옵션이 어떻게 다른지 이해가 어렵다면 논의 자체가 시작될 수 없다. 둘째, 선택지 구성이 단순해야 한다. 옵션이 너무 많아 한눈에 비교가 어렵다면 상대방은 결정을 내릴 수 없다. 정보를 2~4개로 압축하는 것이 가장 바람직하며 5개를 넘어가면 명확히 후순위인 것을 추려내는 방법으로 단계를 나누어야 한다.

선택지를 구조화할 때 기억할 것은 유인효과[4]와 타협효과[5]이다. '유인효과'란 기존의 선택지에 비해 매력도가 떨어지는 대안이 등장하면 기존에 있던 유사 선택지의 매력이 증가하는 현

> **MECE**(Mutually Exclusive, Collectively Exhaustive)
> 문제를 분석하거나 정보를 구조화할 때 적용하는 원칙이다. 문제 또는 정보를 구성 요소로 분해했을 때 각 항목이 서로 겹치거나 중복되지 않아야 하고, 모든 항목을 더했을 때 누락되는 요소가 없어야 한다.

상이다. 아이스크림 가게에서 아이스크림 두 스쿱이 들어가는 작은 컵은 2,000원, 세 스쿱이 들어가는 큰 컵은 3,000원인 두 가지 사이즈를 팔고 있다. 두 사이즈 옵션만 존재할 때 고객의 절반은 작은 컵을, 나머지는 큰 컵을 주문했다. 여기에 한 스쿱이 들어가는 미니 컵을 2,000원에 판매하는 옵션이 더해졌다고 하자.

사람들이 합리적이라면 이 바가지성 선택지는 무시하고 기존에 있던 두 사이즈를 놓고 고민할 것이다. 하지만 불리한 미니 컵 옵션을 함께 제시 받은 고객들은 같은 2,000원에 더 많은 아이스크림을 먹을 수 있는 작은 컵 옵션에 대한 선호도가

> **유인효과와 타협효과**
> 유인효과(compromise effect)는 제3의 선택 옵션이 추가되었을 때 이로 인해 기존의 선택지 중 하나에 대한 선호도가 증가하는 심리현상이다. 추가되는 선택지가 기존의 선택지 중 하나보다 열등하도록 설계될 때 발생한다. 이 효과는 선택의 맥락이 의사결정에 영향을 미칠 수 있음을 보여준다.
> 타협효과(compromise effect)란 사람들이 선택을 해야 하는 상황에서 양 극단에 있는 선택지보다 중간 정도의 선택지를 더 선호하는 경향이다. '극단회피성'이라고도 한다. 예를 들어 세 가지 가격대의 상품이 있을 때 가장 비싼 것 또는 가장 저렴한 것보다 중간 가격대의 상품을 선택할 확률이 높다. 타협효과는 가격 책정 전략에서 소비자의 행동을 유도하는 원리로 활용된다.

증가하는 경향을 보였다. 이를 선택할 확률이 50퍼센트보다 증가하는 것이다.

'타협효과'는 사람들이 양 극단의 선택지를 배제하고 중간에 위치한 선택을 선호하게 되는 효과를 말한다. 식당에서 4만 원, 6만 원, 10만 원 코스 요리를 팔고 있다면 10만 원짜리 코스는 가장 비싸기 때문에 고객 대부분이 망설인다. 이 코스를 더 많이 판매하고 싶다면 15만 원짜리 코스 요리를 메뉴에 추가하면 된다. 이로써 10만 원 코스는 가장 비싼 선택에서 중간 선택으로 재포지셔닝되어 고객에게 선택될 가능성이 증가한다.

유인효과와 타협효과만으로 모든 결정이 좌우되는 것은 아니다. 하지만 내가 설득하고 싶은 안이 매력적으로 보일 수 있는 비교군을 고려한 선택지를 만드는 것은 매끄러운 설득에 큰 힘을 발휘한다.

마감 시한은 어떻게
설득의 도구가 되는가

홈쇼핑에서는 쇼호스트가 끊임없이 "곧 매진입니다.", "5분 뒤면 이 기회는 사라집니다."라고 외친다. 고객에게 시간이 제한되었음을 강조함으로써 더 많은 구매결정이 이루어지기를 기대하는 것이다. 설득을 잘하기 위해서는 설득의 대상에게 얼마나 많은 시간을 주어야 할까? 허브 코헨은 《협상의 법칙》에서 협상의 유불리를 결정하는 중요 요소로 정보, 힘과 함께 시간을 강조했다. 상대방이 촉박한 마감시간(협상을 종결해야 하는 시점)을 가지고 있으면 그 시점까지 무엇이라도 결론을 내야 하기 때문에 나에게 유리한 구도를 만들어낼 수 있다는 것이다.

비즈니스 결정을 고객 또는 상사에게 설득할 때에도 동일한 접근이 통할까? 시간의 압박은 상대방을 내용에 집중하고 결단을 내리는 상태로 만든다. 하지만 결정권자의 경우 본인이 필요하다고 생각하는 시간보다 부족한 시간을 주고 결정을 요구하면 불쾌한 압박을 느끼게 된다. 결정이 필요한 시점보다 며칠 여유를 두고 보고하면 문제가 해결될까? 이때 간과하지 말아야 할 사항은 '처리해야 하는 정보의 양'이다.

새로운 IT시스템에 대한 예산 책정을 위해 30분 미팅을 해야 하는 상황을 가정해보자. 투자안을 준비한 팀은 열정적으로 다양한 옵션을 검토·분석하였고, 방대한 조사를 거쳐 50여 페이지에 달하는 상세한 보고서를 준비했다. 다만 마지막까지 검토에 검토를 진행한 나머지 미팅 자료를 사전에 공유하지 못했다. 미팅이 시작되기 겨우 1시간 전에야 보고서가 공유되었다. 결정권자인 CTO는 미팅 전 다른 일정이 있었기 때문에 실제로는 보고서를 보지 못한 상황에서 미팅이 시작되었다. 보고팀은 보고서의 페이지를 빠르게 넘겨가며 중요한 부분을 발췌해 20분 동안 내용에 대한 요약 설명을 진행하고 의사결정을 부탁한다. 당신이 CTO라면 어떤 기분일 것 같은가.

CTO가 이미 잘 알고 있는 내용이고 두뇌회전이 빠른 사람이라 이러한 보고에도 '무슨 이야기인지 잘 알겠다.'라고 받아들인다면 이 팀은 운이 좋은 것이다. 하지만 많은 경우 아직 충분히 숙지하지 못한 내용이 찜찜하고 (동시에 이해가 가지 않는 내용이 있는 것을 들키기는 싫고) 결정을 하기에는 머릿속이 복잡할 것이다.

이처럼 시간의 압박에서는 절대적인 마감 시한과 함께 보고 시간 대비 내용의 복잡성도 중요한 요인으로 작용한다. 시간과 처리 정보의 양이 불일치해서 느끼는 불편함은 결정을 미루거나 ("아직 분석이 부족한 것 같으니 보완해서 다시 보고해주세요.") 주장하는 사항에 대한 보다 혹독한 검증으로 이어지게 된다. 이런 상황을 피하고 싶다면 사전에 내용을 공유하거나 충분히 시간에 맞게 단순화된 내용 전달을 통해 상대방이 충분히 내용을 소화할 수 있는 환경을 제공해야 한다.

비즈니스 설득에서 중요한 것은 자신의 의견이 받아들여지는 유리한 상황을 만드는 것이 아니다. 결정권자를 납득시키는 과정에서 충분한 선택지와 시간을 갖고 자신이 결정에 주도적인 역할을 했다고 만드는 확신을 심어주는 것이다. 이 과정은 설득의 핵심을 파악하고 어떻게 자신을 포지셔닝할 것인지 선택하는 것에서 시작된다.

자신감이 하늘을 찌르는
상대를 설득할 때

> **사례**

홍보실에 새로 부임한 이 부장은 일 잘하는 스마트한 사람으로 유명하다. 동기보다 두 번이나 빠르게 진급해 최연소 부장인데다 임원들도 관심을 가지고 지켜보고 있다. 본인도 자신의 평판을 잘 알고 있고, 즐기는 눈치다. 경험과 판단에 늘 자신감이 차 있어 송 과장에게는 부러운 대상이다.

일 잘하는 상사라고 해서 같이 일하는 것이 즐겁기만 한 것은 아니다. 의견이 다를 경우 답답한 상황이 자주 발생한다. 특히 부장에게 익숙한 주제라면 입버릇처럼 "아, 이거 내가 잘 아는 주제인데……."라고 말하며 본인의 생각대로 단정해버린다. 최근에 준비한 경쟁사 프로모션 대응방안 건도 그러했다.

최근 경쟁사 동향에 큰 변화가 있어서 송 과장은 많은 시간을 투자해 분석하고 대응방안을 준비했다. 내용에는 자신이 있었지만 걱정되는 것은 역시 부장의 반응이었다. 지난 번에도 이야기를 시작하자마자, "안 그래도 이거 내가 전부터 생각하던 건데, 또 내가 이쪽을 잘 알잖아요?" 하면서 본인 경험담만 쏟아내 준비한 절반도 말하지 못했다. 부장은 성격상 누가 이래라 저래라 하면 노골적으로 싫은 티를 내는 편이라 어떻게 내 말을 경청하게 할지 지금부터 머리가 아프다.

자신감이 자존감이 아닌 어긋난 자존심이 되어 경청을 막아버리는 일은 설득을 곤란하게 만든다. 안타깝게도 우리는 비즈니스 현장에서 그런 대상을 설득해야 하는 일을 자주 경험하게 된다. 특히 성공의 경험을 반복해 남들이 인정하는 성취를 이룬 리더일수록 자주 하는 실수이기도 하다. 능력이 뒷받침되는 경우라면 조금은 위안이 되지만, 본인의 능력을 과대평가하는 경우도 많다.

자신의 능력을 실제보다 긍정적으로 평가하는 과신효과 overconfidence effect는 모든 문화권과 집단에서 관찰된다.[6] 잘못된 자존심은 내려놓는 법을 배우는 것이 필요하지만, 하루아침에 성숙한 인격이 갖춰질 리 없다. 그렇다면 설득해야 하는 메시지가 있는 우리에게 도움이 되는 방법은 무엇일까?

새로운 정보가 있음을 강조한다

높은 자신감을 가진 사람이라도 잘 모르는 부분이 있다는 것을 알아차린 상황에서는 호기심 때문에라도 귀를 기울이게 된다. 특히 본인이 잘 알고 있다는 가정을 강하게 하는 사람일수록 사실은 그렇지 않다는 것을 최대한 빠르게 알려줄 필요가 있다. 많은 경우 '그 동안 있었던 일'이나 '진행된 일'을 바탕으로 이야기를 시작하는데, 이 경우 상대방이 '내가 잘 아는 일'이라는 생각만 더 공고해질 뿐이라 효과적이지 않다.

그렇다면 송 과장의 경우, 어떻게 대화를 시작해야 할까? 프로모션 정책 경험이 풍부한 부장이라 해도 일단 최근의 변화는 경청할 것이다.

> 경쟁사의 프로모션 활동을 분석해보니 이전과 확연히 다른 새로운 점 세 가지가 관찰되었습니다. 오늘은 이 최근의 변화를 중점으로 자사 프로모션 정책의 시사점을 논의하고자 합니다.

명확하게 역할을 지정해준다

설득하려면 설득하지 않아야 한다는 원칙을 떠올려보자. 설득을 위해서는 상대에게도 역할을 주어야 한다. 이 부장과 유사한 성격의 청자라면 본인이 최종 결론에 기여하는 것이 납득하는 데 중요한 조건이 된다. 그렇다고 해서 의견이나 생각을 묻는 열린 방식으로 피드백을 구했다가는 결정의 주도권이 그에게 넘어갈 수 있다. 아직 나의 논거를 충분히 전달하지 못한 상태에서 내가 제안하고자 하는 방향성과 다른 의견을 이야기할 수 있기 때문이다.

자존심이 강한 사람은 우선 본인의 입 밖으로 나간 의견을 바꾸지 않으려 할 경향이 크다. 이러한 설득은 중간 과정에서 어떤 부분에 대해 피드백을 구하는지 분명하게 선을 긋고 의견을 구하는 행동이 필요하다.

> 경쟁사의 최근 동향을 고려해서 유통사와의 협업을 더 강화하는 프로모션 방향을 고민 중입니다. 이때 발생할 수 있는 리스크나 제가 놓친 부분이 있는지 경험이 풍부한 부장님의 의견을 구하고 싶습니다.

이렇게 물어보면 유통사와 협업을 강화한다는 큰 줄기를 흔들기보다 구체적인 실행 단계로 대화를 진행시킬 가능성이 높아진다. 피드백을 구할 때에는 상대방의 경험을 인정하는 것도 잊지 말자. 나의 경험과 지혜를 인정하면서 도움을 요청하는 사람에게는 도와주고 싶은 마음이 생겨 귀를 열게 된다.

상대가 말할 기회를 충분히 부여한다

경험이 풍부한 상사에게 보고하러 갔다가 상사의 유사한 경험에 대한 이야기를 듣느라 정작 내가 준비한 내용은 제대로 설명하지 못하고 서둘러 미팅을 마무리한 경험이 한번쯤 있을 것이다. 본인의 의견이 분명하고, 이를 적극적으로 설명하는 사람을 설득하려면 충분한 시간이 필요하다.

많은 사람이 설득할 때 자신의 이야기를 결론까지 쭉 이야기하고, "어떻게 생각하시나요?"라고 물어본다. 자신감이 높은 사람에게 특히 비효율적인 방법이다. 일방적으로 선택을 강요한다고 받아들이기 때문이다. 때문에 초반에 상대가 가지고 있는 관련 경험이나 고려사항에 대한 의견을 이야기할 시간을 충분히 제공해야 한다. 상대방이 어떤 가설을 가지고 있는지 사전에 파악하지 못했다면, 이야기를 통해 이를 파악할 수 있는 기회가 될 수 있다. 설명의 톤을 상대에 맞게 조정한다면 비록 반대 가설을 가지고 있더라도 설득의 가능성이 증가한다.

설득 초반에 이런 대화가 흐르게 하려면 시간에 쫓겨서는 곤란하다. 처음부터 비교적 여유 있게 일정을 확보하고, 자신의 생각과 가정을 이야기할 수 있는 충분한 맥락을 만들어보자.

2장

공감에서 시작하라

설득의 시작은
상대의 입장이 되어보는 것이다

설득이란 상대의 생각과 행동을 내가 원하는 지점으로 가까워지게 하는 것이다. 설득의 핵심이 설득당한다는 느낌을 가지지 않게 하면서 뜻을 전하는 것이라면, 실행의 첫 단계는 상대방의 생각이 지금 어디에서 출발하는지, 이 사람이 어떻게 반응할 것인지 생각해보는 것이다. 우리가 처음 글쓰기를 배울 때 독자를 생각하고 글을 써야 한다고 배운다. 그러나 꽤 많은 경우 사람들은 본인의 논리에만 집중하는 나머지 상대방을 이해하는 단계를 소홀히 한다.

비즈니스 설득이 업무의 핵심인 글로벌 컨설팅사에서는 직원들을 교육할 때 보고서 작성 트레이닝을 중요하게 다룬다. 그중 신입사원을 대상으로 하는 과정이든, 십수 년의 경력을 가진 리더를 대상으로 하는 과정이든 가장 강조되는 것은 청자에 대한 다면적 분석이다. 보고서의 구조를 짜기 전 듣는 사람을 먼저 분석하는 것이다. 청자에 대한 분석은 상대방의 생각을 파악하고 입맛에 맞는 이야기를 하기 위함이 아니다. 설득의 과정을 잘 설계하기 위해서는 철저한 상대방 분석이 필요하기 때문이다. 지피지기 백전불태知彼知己 百戰不殆는 설득을 위한 여정에서 여전히 기본 원칙이다.

설득의 핵심은 공감이다

설득의 상대를 분석할 때 핵심은 공감Empathy이다. 공감은 상대방의 입장에서 상황을 바라보고 그 사람의 고민과 감정에 연결되는 매우 깊은 수준의 이해다. Empathy라는 개념은 비교적 최근에 만들어졌는데 19세기 말 독일 미학에서 사용되기 시작한 감정이입Einfühlung이라는 단어에서 유래했다.[1] 독일어 'einfühlen'은 'ein(안에)'과 'fühlen(느끼다)'이라는 단어가 결합된 것으로 '들어가서 느낀다'는 의미를 가진다.

이 공감Empathy이라는 단어는 우리말로는 동일하게 공감으로 번역되는 Sympathy와 비교되면서 상대방에 대한 깊이 있는 통찰과 공감이 필요한 상담심리, 디자인씽킹 등의 분야에서도 적극적으로 강조된다. Sympathy의 어원을 살펴보면

Sym(유사한)과 Path(감정, 고통)의 합성어로 상대방이 느끼는 감정을 알아차리는 것이다. 반면 Empathy는 상대방의 감정이 어떠한지 파악하는 것을 넘어서 상대방의 입장과 생각의 흐름으로 들어가 이 사람 입장에서 상황을 바라보고 이해하는 단계이다.

승진에 누락되어 우울한 친구에게 Sympathy 단계의 공감은 "그것 참 속상하겠다."에서 멈추지만, Empathy 단계의 공감은 이 사람 입장에서 왜 이 결과가 승복하기 어려운 결과이고, 이 상황이 어떻게 이 친구의 자존감을 다치게 했는지 그 안으로 들어가 이해하고 함께 속상해한다.

설득을 할 때에도 상대방이 반대하는지 아닌지 '아는' 것은 첫 단계일 뿐이다. "부장님이 이 안에 부정적인 것은 알겠어." 수준에서 멈춘다면 자연스럽게 '아마 잘 몰라서 그런 것일 테니 내가 잘 설명하면 생각을 바꾸게 될 거야.'라고 평면적인 준비를 하게 된다. 어려운 설득일수록 상대방의 입장이 되어 이 결정이 어떠한 맥락에 있는지 깊이 들어가야 한다. 그럼 어떻게 하면 Empathy 수준으로 상대방을 이해할 수 있을까? 깊이 있는 이해를 위해서는 상대방의 눈으로 맥락과 상황을 바라보는 것이 중요하다.

타인의 시선으로 바라보라

설득의 힘이 간절히 필요한 광고업계에서는 소비자의 눈으로 바라보는 세상을 잘 이해하기 위한 여러 방법이 존재한다. 설득의 상대를 이해하기 위한 도구로 유용하게 빌려올 수 있는 방법으로는 공감지도가 있다.

> **공감지도**(Empathy map)
> 고객 또는 사용자에 대한 깊이 있는 이해를 위해 사용되는 시각적 도구로 대상의 생각, 감정, 행동, 욕구 등을 구조화하여 표현하는 것을 돕는다. 상대방의 관점에서 무엇을 보고, 듣고, 말하고, 느끼는지를 분석하고 고충과 욕구를 파악하여 상대방의 입장에서 현상을 이해한다. 디자인씽킹과 사용자 경험(UX) 분야에서 널리 사용된다.

광고를 기획하기에 앞서 소비자의 페르소나persona(사용자 유형을 대표하는 가상의 인물)를 설정하고 이들에 대한 다각도의 정보를 프로파일링하는 작업을 한다. 여기서 가상의 인물을 입체적으로 이해하기 위해 작성하는 것이 공감지도라는 도구이다. 다음 그림은 마케팅, 상품/서비스 디자인 작업에서 적용하는 대표적인 공감지도 양식이다.

공감지도를 작성할 때에는 해당 상품 또는 서비스를 탐색하고, 사용자의 위치를 다각도로 조명한다. 어떤 환경에서 무엇을

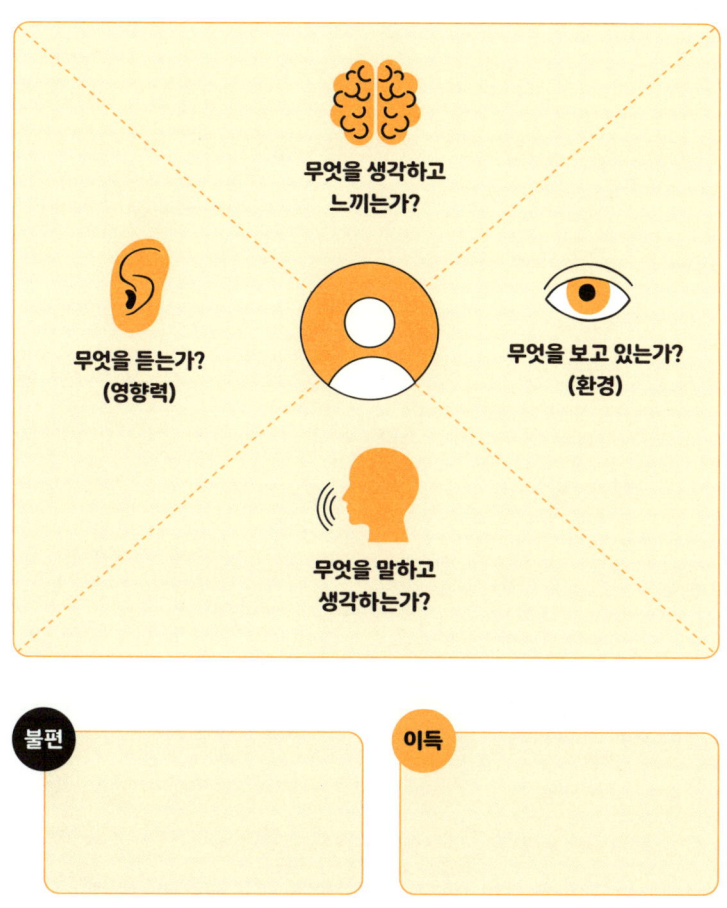

표준 공감지도

보고, 어떤 행동을 하는지, 어떤 이야기를 듣고 있으며, 무슨 생각과 감정을 느끼는지 자세히 살핀다. 거기에 더하여 어떤 불편을 경험하고 이 상품 또는 서비스를 사용하면서 어떤 이득을 얻는지 정리한다. 이러한 공감지도를 통해 소비자의 입장이 되어 상품과 서비스를 바라볼 수 있게 되는 것이다.

공감지도는 설득을 준비하기 위해 상대방을 분석할 때에도 유용한 도구가 된다. 설득을 위한 공감지도의 경우 최적화된 질문 구조를 담고 있다. 다음 그림에서 각 질문의 답을 통해 설득의 대상에게 어떻게 다가가야 할지 생각해보자.

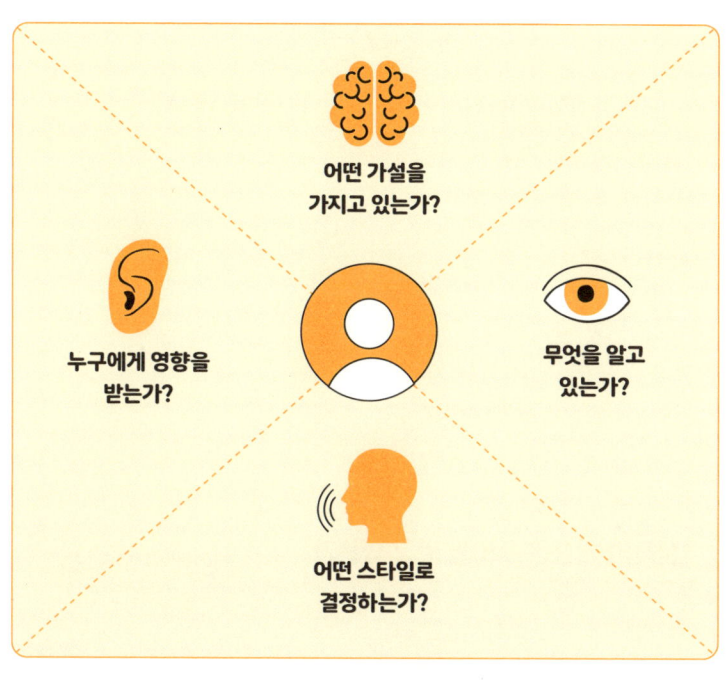

설득을 위한 공감지도

공감지도로
상대의 마음을 탐색하기

설득의 대상은 무엇을 알고 있는가

　설득을 위한 공감지도에 담긴 여섯 가지 질문은 설득의 대상이 되어 더 효과적인 접근법을 찾는 방법이다. 그중 첫 번째로 상대가 무엇을 알고 있는가에 대한 질문은 상대방이 해당 주제에 대해 어떤 배경지식을 어느 수준으로 가지고 있는지를 파악할 수 있어 매우 중요하다. 답이 무엇인지에 따라 설득할 때 관련된 정보를 얼마나 자세히, 얼마나 많은 시간을 투자해서 설명할지를 조절할 수 있기 때문이다.

　생성형 AI를 활용한 새로운 고객 서비스를 제공하기 위한 투자를 설득한다고 가정해보자. 의사결정을 해야 하는 임원이 생성형 AI의 개념을 신문에서 몇 번 읽어본 수준으로만 알고 있다면, 본론에 들어가기 전에 생성형 AI가 무엇이며 서비스 기술 실현 가능 여부를 충분히 설명해야 한다. 자료를 작성할 때에도 되도록 전문용어를 피하고, 필요한 경우에는 충분한 개념 설명을 포함한다. 그렇지 않으면 AI를 기본으로 하는 서비스 자체를 제대로 이해하지 못하거나, 마법의 상자처럼 잘못 생각해서 불가능한 서비스를 빠뜨렸다는 지적에 논의가 휘둘릴 수 있다.

그렇다고 무조건 친절하고 상세하게 배경지식을 시시콜콜 설명하는 것이 좋을까? 그렇지 않다. 해당 분야에 관심이 있거나 전문성을 가지고 있는 상사에게 구구절절 개념 설명에 시간과 지면을 사용하면, 대체 언제 본론이 나오는 것이냐, 왜 이렇게 보고서가 장황하냐, 남들 다 아는 이야기에 왜 시간을 쓰고 있느냐는 타박이 나올 것이다.

문제는 적당한 수준을 찾는 것이 쉽지 않다는 것이다. 컨설팅 프로젝트의 경우 신기술, 새로운 시장, 새로운 상품에 대해 다루는 경우가 많다. 재미있는 것은 의사결정을 해야 하는 임원들이 자신이 실제로 아는 것보다 더 많이 안다고 착각한다는 것이다. 사람들은 '내가 무엇을 모르는지'를 알기 어렵고, 본인의 능력에 대해서 실제보다 긍정적으로 평가하는 과신 편향을 보인다.[2] 이런 편향 때문에 보고 자리에서 배경지식을 설명하는 데 너무 많은 시간을 사용하면 상사들은 '왜 나를 가르치려 들지?'라고 생각하며 반감을 가질 수 있다.

> **과신 편향**(overconfidence bias)
> 사람들이 자신의 능력, 판단, 예상의 정확성을 실제보다 과대해서 평가하는 경향을 말한다. 예를 들어 자신의 운전실력이 평균보다 뛰어나다고 평가하는 사람이 50퍼센트보다 훨씬 많다. 과신 편향은 과도한 위험 감수, 잘못된 의사결정으로 이어질 수 있어 자신에 대한 객관성을 유지하려는 노력이 필요하다.

그렇다고 해서 중요한 정보를 무작정 대충 설명하고 넘길 수도 없는 노릇이다. 설득에 노하우가 많은 컨설팅사의 경우 의사결정 참여자가 본격적인 교육 또는 정보의 업데이트가 필요한 상황일 때 보고와 별도로 진행되는 설명 중심의 미팅을 제안한다. ○○기술 트렌드와 시사점 논의 워크숍, ○○시장의 기회요인 탐색 워크숍과 같은 자리들이다. 의사결정과 분리하여 새로운 정보를 나누는 자리로 맥락이 만들어지면 참여자들이 보다 열린 학습모드로 참여하기 쉽다. 별도로 설명하는 자리를 마련하기 어렵다면 미리 읽고 들어올 수 있도록 사전 자료를 배포하는 것도 고려할 수 있는 대안이다.

어떤 스타일로 결정하는가

설득에 있어 배경지식과 더불어 중요한 고려 요소는 상대방이 가지고 있는 의사결정 스타일이다. 어떤 사람은 큰 그림에 집중하는 것을 우선시한다. 너무 상세하게 하나하나 집중하면 정작 중요한 큰 줄기를 놓친다고 생각하기 때문이다. 조직에서 더 많은 영역, 다양한 주제를 책임져야 하는 리더가 될수록 이런 큰 그림 중심의 프로세스로 결정할 가능성이 높다.

높은 지위를 가질수록 큰 그림 중심의 설득을 선호하는 이유는 그렇지 않고서는 바쁜 일정에 검토해야 하는 모든 결정을 해낼 수 없기 때문이다. 보고는 항상 간단하게 핵심 위주로 해야 하는 이유이기도 하다. 하지만 중요한 것은 내가 설득해야 하는 상대방이 어느 정도로 상세한 논거와 정보를 필요로 하는 스타일인지 먼저 알아보고 이에 맞추어 준비하는 것이다.

컨설팅을 하면서 만났던 결정권자 중 꽤 많은 사람이 "김 차장" 또는 비슷한 의미의 별명을 가지고 있었다. 실무 담당자가 챙겨야 할 세부 항목까지 하나하나 확인한 후에야 결정하기 때문이다. 이런 경우 일의 바닥부터 다져 올라가거나, 사업 규모가 작을 때부터 직접 키워왔기 때문에 해당 산업에 매우 풍부한 지식을 가지고 있는 경우가 많았다. 때문에 무엇인가를 결정할 때에는 (비록 낯선 영역이라 해도) 다른 결정처럼 충분히 상세한 정보가 확인이 되어야 결정할 마음의 준비가 되는 것이다. 물론 제대로 일하고 있는지 기강을 잡기 위해 확인차 물어보는 목적도 동시에 충족하는 것은 덤이다.

아무리 꼼꼼하게 검토하는 상대방이라고 해도 여전히 보고의 구조는 단순하고 핵심에 집중해야 한다. 보고서 본문은 간단명료하게 단순화하고 별첨하는 보조 자료를 충분히 준비하는 것도 좋은 방법이 될 수 있다.

두괄식 vs. 미괄식,
설득 스토리는 어떻게 전개해야 할까

　상대방이 나와 동일한 방향성을 가지고 있는지, 반대되는 입장을 지지하는지, 아니면 아직 뚜렷한 의견이 없는 백지 상태인지에 따라 설득을 위한 스토리의 전개 방식은 달라진다. 그렇기 때문에 설득의 대상이 해당 문제에 대해 현재 어떤 생각과 입장을 가지고 있는지를 먼저 생각해야 한다.
　스토리 전개에는 두괄식과 미괄식이 있다. 두괄식은 주장하는 바, 즉 결론을 먼저 전달하고 왜 그렇게 생각하는지를 뒷받침하는 근거를 이어서 제시한다. 반대로 미괄식 이야기 전개는 근거를 먼저 설명한 뒤 마지막에 근거들을 통합하여 결론을 제시한다.
　당신은 두 가지 방법 중 어떤 전개를 더 많이 사용하는가? 모두 장단점이 있지만, 일반적으로는 명확하고 효과적인 커뮤니케이션을 위해 두괄식 서술이 더 강조된다. 자기 소개서를 쓰는 방법, 보고를 잘하는 방법, 인상적으로 프레젠테이션하는 방법을 설명하는 자기계발서에는 일관되게 두괄식 전개를 습관화해야 한다고 강조한다.

> 오늘은 꼭 치과 예약을 하세요. 요 며칠 어금니가 욱신댄다고 했잖아요. 이에 문제가 생겼을 때에는 빨리 조치하는 것이 중요해요. 비용도 훨씬 덜 들 거예요. 마침 이번 주 비교적 일정이 여유로운 편이라면서요. 이번 주를 놓치면 다음에 시간 내는 것이 훨씬 더 어려울 수 있어요. 꼭이요. (두괄식)

두괄식이 효과적인 커뮤니케이션 방법으로 선호되는 이유는 무엇일까? 첫째, 짧은 시간에 압축적인 소통을 할 수 있다. 특히 바쁜 일정에 쫓기고 있다면 장점이 더 두드러진다. 핵심 메시지를 먼저 제시하면 내용에 대해 간략히 확인하고 넘어갈지, 아니면 심도 있는 검토를 해야 할지 선택할 수 있다.

둘째, 결론이 먼저 제시될 경우 따라오는 근거들이 타당한지 평가하는 것이 더 용이하다. 청자 또는 독자 입장에서 근거가 타당한지를 평가하는 것은 두 가지 요소로 이루어진다. 정보 자체가 정확하고 신뢰할 수 있는 것인지와 이 정보와 결론과의 연결이 논리적으로 타당한지이다. 두괄식으로 결론이 먼저 제시되면 두 요소를 논거를 접하면서 동시에 평가할 수 있다.

미괄식으로 결론이 제시되는 경우 논거가 나열되는 동안 정보의 정확도와 신뢰성을 평가해두고, 결론과의 논리적 결합성은 마지막에 통합적으로 정리해야 한다. 앞서 살펴본 치과 예약에 대한 표현을 미괄식으로 바꿔보자.

> 어제 어금니가 욱신댄다는 건 여전한가요? 치과 치료는 빨리 할수록 비용도 덜 들고 덜 아픈 것 잘 알죠? 마침 이번 주 덜 바쁘다면서요. 나중에 바빠지면 치과 가는 시간 내기 어려워 질 수 있어요. 오늘 꼭 치과 예약을 하세요. (미괄식)

주장하는 바가 무엇인지 알고 설명을 들을 때 좀 더 이해가 수월했던 경험은 모두가 가지고 있을 것이다. 때문에 많은 회사가 비즈니스 업무를 처음 접하는 신입사원을 교육하면서 두괄식 커뮤니케이션을 습관화하도록 가르친다. 내가 재직했던 회사에서는 "Answer First(두괄식)" 커뮤니케이션을 잘하느냐가 주니어 컨설턴트 역량 평가표에 포함될 정도였다.

하지만 많은 사람이 간과하는 점은 상황에 따라 미괄식Answer Last이 더 적합할 수 있다는 점이다. 만일 상대방이 치과 가는 것을 싫어하고, 어떻게든 피하려고 하는 경우를 가정해보자. 내가 알아서 할 테니 딴 이야기를 하자고 회피하거나, 하는 이야기마다 딴지를 걸 수도 있다. 설득의 상대가 나와는 반대 입장을 가지고 있다면, 중립적으로 필요한 논거들을 먼저 해석할 시간을 주고 이 논거들이 제 역할을 했기를 기다리며 마지막에 설득하는 미괄식이 승률을 높일 수 있다.

내 편이 되어줄
든든한 조력자를 확보하라

인간의 결정은 타인이 어떻게 생각하고 행동하는지에 쉽게 영향을 받는다. 심리학에서는 이러한 동조효과에 대해 일찍부터 많은 연구가 진행되었다. 로버트 치알디니는 이를 '사회적 증거의 원칙'이라는 개념으로 설명했는데 "친구 따라 강남 간다."라는 속담도 이와 일맥상통하는 메시지를 전한다. 동조효과는 상당히 강력해서 때로는 눈에 뻔히 보이는 것도 다르게 대답하게

> **동조효과**(conformity effect)
> 주변 집단의 의견과 행동에 동조하는 방향으로 자신의 의견과 행동을 변화시키는 경향을 말한다. 동조효과가 발생하는 원인에는 사회적 수용 욕구나 갈등을 회피하는 경향성, 또는 다수의 의견이 맞을 확률이 높다는 가정 등이 작용한다.

만들기도 한다.

동조효과를 보여주는 가장 유명한 실험은 사회심리학자인 솔로몬 애쉬가 진행한 선분의 길이 비교 실험이다.[3] 여러분도 이 실험의 피험자가 되어보자. 실험이 시작되자 진행요원이 이 실험은 선분의 길이를 비교하는 시력 검사 실험이라고 설명한다. 실험실에는 나 외에도 다른 여섯 명의 참가자가 있다. 우리는 모두 동일한 문제를 풀게 될 것이라는 설명을 들었다. 주어진 과제는 꽤나 간단하다. 눈앞에 제시된 서로 다른 길이의 선들 중 기준선과 길이가 같은 것을 찾으면 된다.

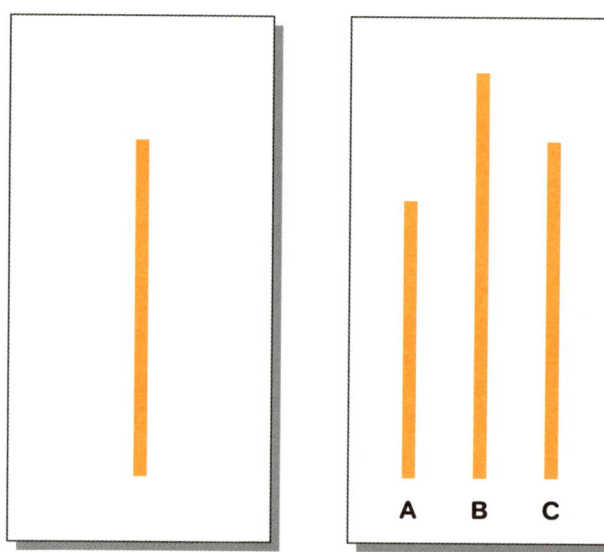

선분의 길이 비교

제시된 보기는 꽤나 다른 길이의 선들이어서 누구나 쉽게 답을 찾을 수 있었다. 그런데 실험이 시작되자 이상한 일이 벌어진다. 답이 무엇인지 명확하다고 생각했는데 사람들이 엉뚱한 답을 이야기하는 것이 아닌가? 그것도 일관되게. 내 시력에 문제가 있을지 모른다는 생각이 덜컥 든다.

함정은 나를 제외한 이 방에 있는 참가자들이 모두 연기자라는 것이다. 진짜 피험자는 가장 마지막에 답을 말하도록 자리가 정해져 있었다. 여섯 명의 연기자 모두가 동일한 오답을 이야기했다. 기준선과 길이가 같은 보기는 C였지만 여섯 명 모두 A가 답이라고 말하는 식이다. 결과는 어땠을까? 정답이 자명한 상황임에도 불구하고 약 30퍼센트의 피험자가 오답에 동조했다. 2008년 EBS에서는 〈EBS 다큐프라임 인간의 두 얼굴〉이라는 프로그램을 통해 애쉬의 실험을 재현했는데, 실험에 참여한 인원 중 70퍼센트가 오답에 동조했다. 실험 조건이 동일하지 않다는 것을 고려해도 오답에 동조한 사람의 비중이 크게 오른 것은 여러 가지를 생각하게 한다.

주변 사람의 의견은 판단에 강력한 영향을 가진다. 비즈니스 상황에서는 다수의 의견에 무작정 휩쓸려 결정이 좌우되는 경우는 드물다. 하지만 내가 신뢰하는 사람 대부분이 지지하는 의견이라면 결정에 큰 영향을 줄 수밖에 없다. 때문에 설득의 대상이 누구에게 자문을 구하고, 누구에게 영향을 받는지를 미리 파악해 최대한 그들의 지지를 얻어낼 계획을 세우는 것도 효과적인 방법이다.

귀를 기울이는 대상을 꼭 사람으로 한정할 필요는 없다. 상대방이 신뢰하는 정보의 유형도 고려 대상에 들어갈 수 있다. 어떤 사람은 숫자로 보이는 분석 자료를 절대적으로 신뢰하고, 어떤 사람은 고객이 직접 준 피드백에 더 많은 가중치를 둔다. 선도적인 사례가 주는 교훈을 반드시 확인하는 경우도 있다.

설득의 대상이 누구의 말에 귀를 기울이는지 먼저 충분히 고민하는 하는 사람은 상대방을 설득하는 전투에 든든한 백만대군 같은 동료를 미리 확보할 수 있다. 상대방의 귀에 가까이 다가가서 설득을 도와줄 수 있는 내 편이 되어줄 수 있는 사람을 먼저 파악해보자.

결정에 영향을 미치는
상대의 욕구는 무엇인가

이 일이 어떤 의미를 가지는가

"이 결정은 어떤 의미를 가지는가?", "이 결정을 통해 달성하고자 하는 것은 무엇인가?" 이 질문의 답은 "무엇 때문에 망설이는가?"와 함께 어떤 논거를 더 잘 전달해야 하는지를 결정하는 데 중요한 인풋이 된다. 이론적으로 비즈니스 의사결정은 비즈니스에 더 도움이 되는 최적안을 고르면 되는 것이라서 상대방의 개인적인 감정, 의미부여, 욕구가 개입될 여지가 없어야 한다. 설득의 대상도 (사업의 소유주가 아니라면) 월급을 받는 직장인으로 회사의 이익을 최우선으로 결정해야 하는 의무가 있기 때문이다.

하지만 무엇이 최선인가 하는 정의는 보는 관점에 따라 달라진다. 관점에 따라 절대적인 수익의 규모가 더 중요할 수 있고, 성장성에 대한 약속이 더 중요할 수도 있다. 어떤 관점에서 목적을 정의하는지에 따라 프레임이 달라지고, 최선이 무엇인지 평가하는 기준도 달라진다. 때문에 상대방이 어떤 의미를 부여하여 이 사안을 다루고 있는지 이해하려는 노력이 필요하다. 더하여 어떤 지위에 있는지와 무관하게 그 사람이 가지고 있는 입장, 감정, 욕구가 어떤 형태로든 결정에 영향을 줄 수밖에 없다.

이런 다면적인 부분을 통찰력 있게 지적한 현자들을 따라가다 보면 설득학의 원조라고 할 수 있는 수사학의 아리스토텔레스에 닿는다. 아리스토텔레스는 설득의 3대 요소로 에토스Ethos(화자의 인품, 신뢰), 파토스Pathos(감성), 로고스Logos(이성)를 강조했다. 이 중 파토스는 청중의 감정이나 욕구에 호소해 마음을 움직이는 수단이다.

비즈니스 설득에서 파토스를 고민하는 것은 상대방의 감정보다는 욕구에 더 주목하는 영역이다. 새로운 사업은 회사 전략에 부합하는 일이지만, 승진을 목전에 둔 상무에게는 '조직에서 주목을 받을 수 있는 기회'가 될 수도 있다. 고객 청구를 처리하는 자동화된 IT 시스템을 새로 도입하는 결정은 회사의 비용 구조를 개선하기 위한 일이지만, 동시에 서류 처리의 오류 대응 문제로 골머리를 앓았던 담당 임원에게 '가장 싫은 업무를 확실하게 줄일 기회'가 되기도 한다.

이처럼 의사결정이 결정자 개인에게 어떤 의미를 가질 것인지 깊이 들여다보면 이 결정을 내려야 할 여러 이유, 기대 효과 중 무엇을 더 힘주어 전달해야 할지 효과적인 선택을 할 수 있다.

무엇 때문에 망설이는가

상대방이 결정하지 못한 이유를 분석하는 것은 설득의 논리 중 어느 부분을 특히 공들여 준비해야 하는지 알려주는 신호다. 결정을 망설일 때에는 아직 '이해가 잘 되지 않거나', '확신이 부족하거나', '염려하는 리스크 또는 부작용'이 있다는 것이다. 설득의 논리를 준비하고 전달할 때에는 이 요소들을 정조준하여 깔끔하게 설명해야 한다. 이러한 사전 작업이 잘 이루어지면 상대방 입장에서는 복잡했던 머릿속을 깨끗하게 해주는 마지막 퍼즐 조각을 선물 받은 듯할 것이다.

비즈니스 상황에서 결정의 걸림돌이 되는 대표적인 예시는 다음과 같다.

잘 모르겠다
- 적용되는 기술이 어떻게 적용되는지 잘 모르겠음
- 공략하려는 시장/고객군에 대해서 잘 알지 못함

- 비즈니스 모델이 복잡해서 명쾌하게 이해가 되지 않음
- 관련 규제나 사업 환경에 대한 이해 부족 등

확신이 없다

- 가치제안을 고객이 좋아할지 의심이 든다
- 시장 가능성 평가 결과를 신뢰하지 않음
- 경제성 기준을 충족할 수 있을지 걱정됨
- 계획대로 실천할 내부 역량이 있는지 의심됨
- 투입되어야 할 자원이 확보될 수 있을지 걱정됨
- 상급자가 이 결정을 지지할지 확신이 없음

리스크가 예상된다

- 정교한 전망이 불가능한 상황이라 불확실성이 높음
- 고정 투자 부담이 높아 재원 확보가 어려움
- 규제 관련 문제가 발생할 수 있음
- 협조해주어야 할 조직이 반발할 수 있음
- 공급사 또는 판매사 등 외부 협력 주체와의 관계가 변할 수 있음

이러한 비즈니스 논리와 관련된 대표적 우려 요소 외에도 상황에 따라 다양한 요인이 작동될 수 있다. 아무리 공적인 비즈니스 결정이라 해도 결정하는 주체는 사람이다. 때문에 비즈니스

논리의 관점에 더해 개인의 입장에서 가지는 우려사항도 놓치지 말고 생각해보아야 한다.

얼마 전 건강진단에서 좋지 않은 결과를 확인한 임원이라면 중요한 프로젝트를 감당할 수 있는 체력이 걱정될지도 모른다. 도전적인 과제를 성공시켜 본인이 사장 자격이 있음을 보여주고 싶어 하는 부사장이라면 신규 사업의 잠재치가 충분히 크지 않은 것이 불만일 수 있다. 이러한 개인적 상황에 뿌리를 둔 우려 사항은 파악도 어렵고 공론화할 수도 없는 애매한 것이 많다. 때문에 맥락과 상대방에 대한 충분한 이해가 중요하다. 레이더를 민감하게 가동해 힌트를 얻는다면 스토리라인을 좀 더 정교하게 조정하는 데 유용한 관점을 얻을 수 있을 것이다.

어려운 과제에
도전하는 상대를 설득할 때

사례 김 부장은 송 차장과의 미팅을 준비하며 생각에 잠겼다. 다음 달 시작될 신상품 개발 태스크포스 팀에 송 차장을 파견하려 한다. 이 프로젝트만 성공적으로 완수한다면 송 차장의 커리어에 큰 성취가 될 것이고, 여러모로 가장 적임자라는 생각이다. 하지만 실패 위험이 있는 데다가 꽤나 많은 시간을 투자해야 해서 반응이 어떨지 염려가 된다. 실력 있는 인재지만 리스크를 회피하는 성향이 높아서 이런 저런 이유로 중요한 과제를 계속 피해왔다.

김 부장 입장에서는 본인이 수긍하지 않는 과제를 억지로 지시하고 싶지 않다. 의욕적으로 몰입하지 못하는 상황도 걱정이고, 강압적으로 과제를 지시하는 리더라는 피드백도 염려스럽다. 어떻게 설득해야 경계하지 않고 이 기회의 장점을 이해할 수 있을까? 이 프로젝트가 송 차장에게 도움이 될 것이라 진심으로 믿고 있기 때문에 꼭 설득에 성공하고 싶다.

비즈니스 상황에서는 설득해야 하는 일의 '크기' 자체가 어려움일 때가 있다. 꽤 많은 사람이 부담스러운 큰 의사결정은 미루거나 회피하려는 경향을 보인다. 송 차장은 프로젝트 규모가 크고 그 결과의 영향력이 크다는 이유만으로 점수를 깎고 이야기를 듣기 시작할 우려가 있다. 새로운 기회의 진가를 제대로 이해하기 위해서는 새로운 정보를 이해하고 통합하는 복잡한 생각의 과정이 필요한 경우가 대부분이다. 이런 노력을 투입하기로 '마음먹는' 첫 단계부터 송 차장은 애를 먹을 수 있다. 누군가에게 과감한 도전을 설득하고 싶다면 어떻게 해야 할까?

먼저 발부터 들여놓는다

집은 누가 뭐라 해도 개인적인 공간이다. 누군가의 집에 초대받기 위해서는 상당 수준의 친밀감이나 신뢰를 얻거나 상응하는 보상이 필요하다. 자사 제품이 실제로 어떻게 활용되는지 관찰하고 싶은 제품개발팀이 있다. 평범한 가정주부들을 대상으로 여섯 명의 낯선 남자가 주방과 거실을 두 시간 동안 방문 관찰할 수 있도록 설득할 수 있을까? 당신이 집 주인이라면 이런 요청을 수락할 수 있을까?

무척 어려운 설득에 Yes라는 응답을 두 배 이끌어내는 놀라운 방법이 있다. 집에서 사용하는 용품에 대한 간단한 설문 조사를 사전에 진행하고 설문에 응해준 사람들에게 방문을 요청하는 것이다. 설문에 응답했던 사람들은 무려 두 배나 부담스러운 가정방문 연구 요청을 승낙했다.4

부담이 되는 요구를 하려면 쉽게 승낙할 수 있는 가벼운 요청을 먼저 해서 부담스러운 요구에 대한 승낙 가능성을 높인다. 이러한 설득의 기법을 FITD Foot in the door(문간에 발 들여놓기)라고 한다. FITD 방식은 사회적으로 바람직하다고 여겨지는 요청일 때 힘을 발휘한다. 심리학자들은 이러한 효과를 사람들이 "아, 나는 이런 태도와 가치관을 가진 사람이지."라고 자신의 태도를 인식하게 되고, 이를 다음 상황에 일관되게 적용하기 때문이라고 설명한다.

이 기법을 송 차장의 상황에 적용해보자. 김 부장은 이 프로젝트와 관련된 과제의 일부를 부담 없는 수준으로 떼어내어 송 차장에게 제시해볼 수 있을 것이다. 송 차장이 이 과제에 착수한 이후 본격적인 태크스포스팀 합류를 제안한다면 송차장이 열린 마음으로 도전을 받아들일 가능성이 커질 것이다. 중간에 송 차장의 자기 인식을 더 강하게 할 수 있도록 "송 차장은 이 주제에 참 관심도 많고 능력도 있군." "송 차장은 참 도전적으로 기회를 잘 활용하는 사람이야."라는 칭찬을 더한다면 그 효과는 배가될 것이다.

망설임 뒤에는 어떤 이유가 있을까

어려운 과제에 도전하는 것을 설득할 때에는 앞서 그려본 설득을 위한 공감지도의 질문 중 "무엇 때문에 망설이는가?"의 중요성이 더욱 커진다. 우리는 어려운 과제이니 망설이는 것도 이해가 간다고 쉽게 이야기하지만, 정말 이해하고 있는 것인지 생각해볼 필요가 있다.

남의 일일 때에는 매력적이지만 어려운 과제를 놓고 도전을 망설이는 사람을 보면 많은 시간과 수고를 들이는 것을 싫어하나보다 지레짐작한다. 그러나 사람의 마음은 그렇게 단순하지 않다. 도전하고 싶은 과제에 많은 시간과 땀을 쏟는 사람도 쉽게 마주친다. 망설임 뒤에는 어떤 이유가 있을까?

실패에 대한 두려움

성공했을 때 돌아오는 상에 집중하는 경향이 있는 사람이 있는 반면 실패했을 때의 결과에 생각이 더 집중되는 사람도 있다. 어려운 과제는 계획대로 되지 않을 가능성도 함께 증가해 실패에 대한 우려로 가능성의 가치가 정당하게 평가되지 못할 수 있다. 이런 경우라면 리스크에 대한 통제 또는 분산 방법이 있음을 설득하는 과정이 필요하다.

기회비용에 대한 고민

앞선 상황에서 김 부장은 모르고 있지만 송 차장이 참여하고 싶어하는 다른 프로젝트가 있을 수 있다. 또는 송 차장 본인에게 중요한 경력이 될 수 있는 진행 중인 과제의 마무리에 전력을 기울이고 싶을 수도 있다. 설득하는 사람은 본인이 모르는 다른 대안이 상대방에게 존재할 수 있다는 사실을 때로는 잊어버린다. 김 부장은 송 차장에게 이 과제에 도전하지 않으면 그 기간동안 무엇을 하고 싶은지 먼저 물어봐야 할 것이다.

역량에 대한 불확신

김 부장은 송 차장의 역량이 충분하다고 판단해 설득하지만, 송 차장의 생각은 다를 수 있다. 본인에 대해 과대평가하는 사람도 많지만, 못지않게 많은 사람이 스스로에 대해 박한 평가를 하곤 한다. 무엇이 사실인지도 중요하지만 송 차장이 스스로에 대해 가지고 있는 생각도 중요하다. 자신이 없어 피하는 것이라면 그 마음부터 어루만져주는 인정과 격려가 필요하다.

여력의 한계

특히 비즈니스 상황에서 우리는 상대방의 여력 수준에 대해 둔감해지기 쉽다. 송 차장이 진짜 걱정하는 것은 얼마전에 태어난 어린 딸의 육아일 수 있다. 당분간은 커리어에 불리하게 작용하더라도 야근을 최소화하는 것이 더 중요한 우선순위일 수 있는 것이다. 이처럼 누군가의 시간적·심적 여력을 이해하려면 직장인 송 차장을 넘어선 종합적인 이해와 배려가 필요하다.

약한 동기부여

어려운 일에 도전해서 수고를 다해도 나에게 좋은 결과가 올 것이라는 확신이 없으면 누구든 어려운 일은 피하게 된다. 금전적 보상이나 승진과 같은 공식적인 혜택만 고려되는 것은 아니다. 인정, 배움, 성장 기회도 강력한 동기부여 요인이다. 중요한 것은 성과의 혜택이 나에게 돌아올 것이라는 신뢰다. 이 부분에 약한 고리가 없는지 살펴야 한다.

이 외에도 다양한 이유가 존재할 수 있다. 이런 복합적인 이유로 망설이는 상대에게 단순히 이 기회가 얼마나 좋은지만 소리 높여 강조하는 것은 충분하지 않다.

중요한 것은 지레짐작하지 않고 공감하려 노력하는 것이다. 망설이는 이유가 무엇인지 이해하기 위해 관찰하고 경청하는 노력이 선행되어야 하고, 이에 따라 설득하는 스토리도 당연히 달라져야 한다.

혁신적인 시도를
설득할 때

사례   CCTV 회사에 근무하고 있는 이 대리는 반려동물 가구를 타깃으로 한 가정용 CCTV 펫캠 제품의 출시를 준비하고 있다. 성장 정체가 가장 큰 고민인 회사 입장에서는 새로운 콘셉트의 제품이 성공한다면 신규 활로가 열리는 매우 중요한 문제였다. 이 대리는 본인이 두 마리의 강아지를 애지중지 보살피며 누구보다 잠재 고객층이 무엇을 필요로 하는지 이해하고 있다고 자신한다. 주변에 반려동물 보호자들에게 물어보았을 때도 참신한 개념이지만 분명히 지갑이 열릴 것 같다는 긍정적인 반응을 들을 수 있었다.

하지만 2010년인 지금, 아직 빈집에 남아 있는 반려동물을 모니터링하기 위한 펫캠이라는 제품의 개념은 매우 낯설어 설득이 쉽지 않다. 미국에서 일부 시도하고 있는 신생기업이 있지만 아직 한국에서는 출시된 적 없는 콘셉트의 제품이었다. 이 대리는 시장 가능성에 확신을 가지고 꼭 이 프로젝트를 진행하고 싶지만, 정작 승인할 본부장의 반응은 냉소적이다. 본부장은 반려동물을 키워본 경험이 없다 보니, 집에 혼자 남겨진 반려동물이 왜 궁금한지 이해가 가지 않는다. 오히려 가능성이 있다고 열정적으로 설명하는 이 대리가 유난스럽다고 이야기한다.

자신의 기준으로만 이야기하는 본부장이 짜증나지만, 시장 가능성이 있다는 것을 증명하기 위한 조사 예산이라도 따내려면 본부장을 설득해야 한다. 인정이 없고 상상력도 부족한 본부장을 어디부터 설득해야 할까?

'혁신적인 시도'란 아이디어의 타당성을 객관적인 숫자와 증거로 검증하기 어려운 상황이라는 것을 의미한다. 아직 세상에 존재하지 않는 제품 또는 서비스가 얼마나 많이 팔릴지 통계 자료를 구할 수는 없다. 경험해보지 않은 방식의 문제해결일수록 나도 상대방도 직접적인 경험이 없어 판단 근거를 찾기 어렵다. 특히 초기 단계의 아이디어일수록 주관적인 직관과 상상력에 주로 의존하게 된다.

설득의 대상이 나와 같은 경험과 가치관을 공유하고 있어서 공감한다면 얼마나 좋겠는가. 그러나 우리는 상대방이 가능성을 인정하지 않아 힘겹게 설득해야 하는 상황에 자주 처하게 된다. 특히 나이 차이가 많은 연장자라면 아이디어의 가치에 대해 다른 판단을 할 확률이 더욱 높아진다. 젊은 세대는 혁신을 잘 이해하고 기성세대는 혁신을 잘 이해하지 못한다는 식의 이야기가 아니다. 가지고 있는 경험이 다르면 주관적 판단이 유사할 확률이 낮다는 뜻이다. 그래서 축적한 경험이 다른 상대를 설득해야 하는 상황일수록 동일한 그림을 상상하도록 하는 데 더 정성을 들여야 한다.

같은 그림을 상상하도록 자극한다

낯선 제품이나 서비스의 가치를 설명하는 가장 좋은 방법은 그 제품의 사용자가 되어 경험해보는 것이다. 체험할 수 있는 제품이나 서비스가 준비되지 않은 초기 콘셉트 단계라면 상상할 수 있게 만들어야 한다. "상상해보세요."라고 말하는 것만으로는 충분하지 않다.

우리의 상상력은 기존에 축적된 경험에 좌우된다. 상상을 돕는 정확하고 구체적인 자극이 없다면 내가 기대하는 것과 전혀 다른 방법으로 생각이 흐르고, 의도하지 않은 효과를 야기할 수 있다. 앞선 상황의 부장이 "낮에 일하느라 바빠 죽겠는데, 개가

뭐하는지 자꾸 알람이 울리면 얼마나 방해가 되겠어?"라는 식의 방향으로 상상력이 전개된다면 설득은 더 어려워질 것이다.

구체적으로 나와 같은 그림을 상상하게 하려면 어떻게 해야 할까? 두 가지 유용한 개념을 소개한다.

1. 페르소나

페르소나는 고대 그리스어로 연극배우가 쓰는 탈을 의미하는 단어를 어원으로 한다. 여러 의미로 활용되고 있지만 우리가 사용할 의미는 연극 또는 영화의 등장인물이다. 마케팅이나 고객 경험 설계에서는 고객 페르소나를 통찰력 있게 설정하는 것을 강조한다. 이때의 페르소나는 다양한 사용자 유형을 대표하는 가상의 인물이다.

고객 경험 설계에서 페르소나라는 개념을 처음 도입한 사람은 소프트웨어 디자이너인 앨런 쿠퍼Alan Cooper이다. 그는 1988년 자신의 책 《정신병원에서 뛰쳐나온 디자인Inmates Are Running the Asylum》에서 이 개념을 처음으로 소개했다.

페르소나는 각 고객 군을 평균 나이와 소득 수준 등 파편화된 통계 수치로 요약하는 대신, 최대한 실존 인물로 생생하게 연상할 있도록 묘사한다. 이 사람은 무엇을 좋아하고, 어떤 상황에서 이 제품을 고려하고 있고, 무슨 문제를 해결하려고 하는지 등의 스토리를 더하는 것이다. 이렇게 고객을 가상의 인물로 설정하고 묘사하는 것은 사람들이 생생하게 상상하되 상상하고 있는 상황에 대해 중요한 설정을 자연스럽게 공유하는 데 도움을 준다.

2. 고객 경험 지도

고객 경험 지도Customer Journey Map는 제품과 서비스 경험을 고객 입장에서 깊이 있게 이해하고 고객 경험을 개선하기 위해 사용되는 마케팅 분석 도구이다. 아직 존재하지 않은 제품의 경우에도 시제품을 활용해 그 가치를 평가하거나, 제품의 필요성을 느끼는 상황을 더 깊게 이해하기 위해 유용하게 활용할 수 있다.

고객 경험 지도는 고객이 필요성을 느끼고 제품을 인지하여 실제 구매해 사용하기까지 어떤 경험을 하게 되는지 고객의 입장에서 흐름을 쫓아 이해하고자 한다. 이때 눈에 보이는 행동뿐만 아니라 생각과 의문, 그리고 이에 따르는 감정과 만족도까지 깊이 있게 이해하는 것이 큰 도움을 준다.

각 단계별로 깊이 있게 고객의 경험을 이해하면 고객의 어려운 점을 풀어내게 되고, 어떤 부분에서 차별적인 기회를 포착할 수 있을지 논의가 가능해진다.

적절한 비유를 활용한다

　반려동물을 키워보지 않은 사람이라면 해당 고객의 입장이 되기는 어려울 것이다. 이럴 때 "다섯 살 정도의 자녀를 베이비시터에게 부탁하고 하루 종일 외부활동을 해야 하는 부모님에게 잠깐씩 자녀가 잘 놀고 있는지 확인할 수 있는 손쉬운 앱이 있다면 얼마나 사용할 것 같으세요? 반려동물을 두고 긴 시간 집 밖에서 활동해야 하는 사람들의 마음이 아마 이와 비슷할 것입니다."라는 이야기를 들으면 좀 더 가깝게 잠재 고객의 마음을 이해할 수 있을 것이다.

　비유는 사람들의 생각을 확장하고, 익숙하지 않은 상황에 대한 상상력을 자극한다. 누군가에게 익숙하지 않은 입장에서 상황을 바라보도록 하고 싶다면 비유를 적극적으로 사용해보자. 단 이런 목적으로 비유를 활용할 때에는 상대방이 충분히 친숙해서 끌어와 활용하고 싶은 관점과 비슷한 생각을 하게 될 것이라는 자신이 있어야 한다. 또한 한 번의 설득에 여러 비유를 남용하는 것도 피해야 한다. 그렇지 않으면 오히려 상대방은 더 혼란스러워하고, 논리적이지 못하고 두서없이 생각이 전개된다는 오해를 할 수 있다.

효율적인 접근법을 제시한다

시도해보는 활동을 작게 끊어 결정의 무게를 줄이는 것은 상대방이 온전하게 설득되기 어려울 때 효과적이다. 상대가 가치를 공감하기 어려워한다면 왜 이 좋을 것을 이해하지 못하냐고 힘주어 말하는 것은 오히려 역효과를 가져온다. 오히려 누가 맞을지는 아무도 모르는 것이니 한번 테스트해보자는 설득이 효과적이다. 그리고 이 설득을 수월하게 하기 위해서는 작은 규모로 비용 효율적인 접근법이 제시되어야 한다.

이렇게 부담 없는 규모로 '테스트-학습-수정'의 사이클을 반복하는 것은 설득의 목적뿐만 아니라 설득의 대상이 더 좋은 답을 찾아내기 위해 필요한 과정이다. 혁신적인 제품의 서비스를 설계할 때 골방에서 깊게 고민한다고 완벽한 답을 찾을 수 있는 것은 아니다. 가능하면 일찍 여러 명의 타깃 사용자를 대상으로, 여러 차례에 걸쳐 피드백을 구하는 과정이 필요하다. 상대방의 생각을 바꾸는 것도 중요하지만, 나의 상상력과 가설에 수정해야 하는 부분이 있을 가능성도 항상 열어두자.

3장

상대방의 스토리로 말하라

이야기의 초점을
누구에게 맞출 것인가

코칭이나 상담을 할 때 공감을 강조하는 이유는 상대방이 느끼는 감정에 깊게 연결되어 함께 기뻐하고 슬퍼하며, 이를 통해 힘을 낼 수 있는 강력한 지지를 보내기 위한 것이다. 그러나 궁극적으로 상대방의 생각을 바꾸거나 조정하는 것이 목적인 설득은 한 걸음 더 나아가야 한다. 공감에 머물러 있으면 설득하지 못하고 상대방의 생각에 동화될 수 있다. 충분히 공감했다면 이제 상대방 입장에서 결정해야 하는 이유를 정리해 설득의 스토리를 구성하는 작업으로 넘어가야 한다.

여기 타 부서에 자료를 요청하는 김 대리가 있다. 일정에 맞추려면 상대방이 본인의 작업계획을 조정하는 수고를 해주어야 하는 상황이다. 다음과 같이 설득하면 성공할 수 있을까?

"제가 아버님 회갑이라 이번 주말 가족여행이 있습니다. 큰 마음을 먹고 무리해서 비싼 호텔도 예약했고요. 무슨 일이 있어도 이번 주 금요일에 보고서를 마무리해야 합니다. 그래서 자료를 금요일 오전까지는 꼭 받아야 해요. 처음 가는 가족여행입니다. 호텔방에서 보고서와 씨름하는 상황은 정말 피하고 싶어요. 죄송하지만 좀 서둘러서 금요일 오전까지 자료를 주실 수 없을까요?"

사정이 딱하기는 하다. 다행히도 김 대리가 평상시에 잘 처신해서 개인적인 호감과 '언젠가 나에게 신세를 갚을 사람'이라는 신뢰가 작동한다면 설득에 성공할 수도 있다. 하지만 '어쩌라고. 그게 나와 무슨 상관인데.' 하는 반응이 돌아올 가능성이 크다. 그의 진술은 무엇이 문제일까.

김 대리는 자신의 입장에서만 업무협조의 필요성을 설명했다. 정작 설득의 대상에게는 작업의 우선순위를 굳이 조정해야 할 이유를 전혀 제시하지 못하고 있다. 혹자는 "음······. 저는 누가 저렇게 말하면 도와주고 싶을 것 같은데요? 정말 얼마나 간절하게 도움이 필요한지 절절하게 전달하면 상대방도 마음이 움직이지 않을까요?"라고 할 수도 있다. 상대방의 절박한 사정이 누군가에게는 도움의 손길을 내밀 충분한 이유가 된다. 하지만 분명하게 짚고 넘어갈 점은 이것은 '사정' 또는 '호소'하는 것이지 '설득'은 아니라는 점이다.

무게가 있고 중요한 결정일수록 설득하는 내 사정은 중요하지 않다. 상대방이 그렇게 마음을 먹어야 하는 이유가 훨씬 중요하다. 설득의 스토리를 만들 때에는 상대방의 입장에서 납득이 가는 이유를 중심에 놓고, 그 사람이 사용할 스토리를 구성하는 것이 중요하다.

상대방의 입장에서 스토리를 구성한다고 해서 어떤 이득이 있는지를 강조하라는 뜻은 아니다. 특히 공적인 영역이라면 사람들은 개인적 유불리보다 옳다고 믿는 원칙을 기준으로 결정하고(적어도 그렇게 평가되기를 원하고), 이에 합당한 이유를 설명할 수 있기를 원한다는 점을 잊지 말자.

효과적인 설득은
상대의 결정을 최선으로 만든다

선택해야 할 이유를 설명하지 못하고 자신의 입장만 늘어놓는 것은 설득이 아니라 호소에 가깝다. "지금 이 일을 도와주지 않으면 제가 너무 곤란합니다." "오늘 아직 한 개도 팔지 못했어요. 마수걸이하게 도와주세요." 이와 같은 접근은 호소다. 때로는 호소가 더 효과적으로 작동하기도 한다. 특히 상대방이 이타적일수록 그러한 경향이 크다.

사정하는 것이 효과적인지 설득하는 것이 효과적인지와 연결된 논쟁 중 하나는 '빈곤 포르노' 문제이다. 빈곤 포르노는 1990년대 말 사용되기 시작한 용어로 더 많은 모금을 위해 가난을 자극적으로 묘사하는 사진이나 영상물을 말한다. 기부 캠페인의 황금기였던 1980년대부터 이러한 문제의식이 싹텄다. 빈곤 포르노를 활용하는 캠페인은 대부분의 시간을 도움이 필요한 상대의 비참한 처지와 절박함을 강렬하게 전달하는 데 집중한다. 기아로 죽어가는 어린아이의 앙상한 몸에 파리가 꼬이는 것을 적나라하게 보여주는 식이다. 그리고 마지막에 "당신의 1달러가 이 아이를 도울 수 있습니다."라며 끝맺는다.

많은 자선 단체가 빈곤 포르노를 오랫동안 포기하지 못했던 것은 즉각적인 모금 성과를 가져왔기 때문이다. 하지만 최근 빈곤 포르노에 대한 비판적 반성이 대두된 것은 빈곤 포르노 제작 과정에서 발생하는 인권 문제와 왜곡 문제도 있지만, 시청자들의 거부감과 피로감도 중요하게 작용했다. 어려움에 처한 사정을 보는 것만으로도 (특히 공감이 뛰어난 사람이라면 더욱) 괴로운 일이라 무의식적으로 캠페인 노출을 피하는 경우가 많았다. 또한 효과를 유지하려면 점점 더 자극적인 묘사를 추구해야 했다. 지속 가능성 부분에 분명한 약점이 있었다.

최근 모금 캠페인에 '설득'의 요소가 늘어나고 있는 점은 환영할 만한 일이다. 많은 단체가 캠페인 접근법의 원칙을 정비하고 도움을 받아 변화된 모습 또는 가능성을 긍정적으로 묘사하고자 노력하고 있다. 그들의 활동이 문제를 해결하는 데 효과가 큰 접근법인지에 대한 정보 전달도 늘어나고 있다. 어려운 사정에 있는 사람을 돕고 싶다면, 왜 이 캠페인이 좋은 접근법인지를 설득하려는 노력이 늘어난 것이다. 기부의 경우 '사정'과 '호소'의 역할은 분명히 존재한다. 하지만 '설득'이 함께해야 더 지속 가능할 것이다.

    설득을 하려면 상대방이 스스로 생각을 정리할 때 "이런 이유 저런 이유를 생각해보면 나의 결정은 최선의/현명한 결정이었어."라고 할 것인지 상상하며 논거를 정리해야 한다. 이 안에는 상대방에게 어떤 이익이 있는지도 포함되어야 하는 것이다. 그렇지 않으면 당장은 "Yes"라고 했을지 몰라도, 돌아서서 "나 지금 호구가 된 것인가?" 하며 마음을 바꿀 수도 있다. 무엇보다 계속 호소만하는 사람과 지속적인 파트너십을 가져가고 싶어하는 사람은 없다. 호소보다는 설득하려고 노력해야 한다.

넥스트 보스의 관점으로
스토리를 준비하라

설득의 스토리를 만들 때 상대방의 입장에 집중해야 하는 것은 비즈니스 의사결정에서도 예외가 아니다. 그러나 실제로 분석해보면 고려해야 하는 요소가 복잡하게 얽혀 있다. 무엇을 얼마나 비중을 두어 전달할 것인지는 다양한 선택이 필요하다. 2장에서 설득의 공감지도를 작성할 때 상대방에게 해당 결정이 어떤 의미가 있는지, 무엇을 우려하고 있는지를 함께 고려해야 한다고 강조했다. 그리고 또 하나 고려해야 할 중요한 요소는 상대방 뒤에 서 있는 인물, 바로 '넥스트 보스Next Boss'다.

넥스트 보스란 설득의 대상이 이 결정을 정당화해야 하는, 또는 가지고 가서 설득해야 하는 다음의 설득 대상이다. 조직 내의 설득에는 대부분 넥스트 보스가 존재한다. 나의 상사도 본인의 상사에게 왜 이 결정이 최선인지를 설명해야 한다. 팀장은 상무에게, 상무는 부사장에게, 부사장은 사장에게 본인 판단의 타당성을 설명해야 한다. 사장은 필요 없을까? 아니다. 사장도 주주에게, 고객에게 그 결정의 정당함을 설득해야 한다.

보고를 준비할 때에는 넥스트 보스를 구체적으로 생각해보자. 설득의 대상 입장에서 해당 선택이 최선의 선택임을 어떻게 타인에게 설명할 것인지 시뮬레이션해보는 것은 매우 도움이 된다. 여기 제품 포장재를 친환경 소재로 변경하는 기획안을 준비한 김 대리의 보고서가 회사의 보고 체계에서 어떻게 관점이 변화하는지 따라가보자.

1단계: 김 대리가 팀장에게 보고할 때

내 보고를 받는 팀장이 사업부장에게 변경안을 제안할 때 어떤 점을 강조할 것인지 생각해보자. 친환경 소재 변경의 필요성과 더불어 브랜드에 어떤 긍정적인 효과를 기대할 수 있는지 등에 대한 논거는 필수적으로 포함되어야 한다. 여기에 더하여 반드시 전달해야 하는 메시지가 있다. 바로 '실무를 잘 아는 역량 있는 팀장'인 본인이 소재 변경에 필요한 자재 구입, 디자인 변경, 비용관리 등을 꼼꼼하게 잘 확인했기 때문에 이 변경으로 생산 공정의 문제가 발생하거나 비용 증가로 수익성에 부담이 되는 일은 없을 것이라는 점이다.

사업부장 입장에서는 포장재 변화가 회사가 추구하는 친환경 정책에 필요한 것임은 잘 알고 있지만, 이 변화로 골치 아픈 자잘한 문제가 추가되지 않는 것도 못지않게 중요할 것이다. 이런 부분을 고려하면 팀장 보고에는 실행과 관련해 발생할 수 있는 문제들에 대해 충분한 검토와 대비가 되었다는 정보가 전달하기 쉽게 잘 정리되어야 한다.

2단계: 팀장이 사업부장에게 보고할 때

이제 팀장이 되어 이 변경안을 사업부장에게 보고할 차례다. 보고서는 팀장 보고서보다 더 짧고 간결해져야 한다. 줄어든 지면에서 무엇을 강조해야 할까? 이 보고의 넥스트 보스가 사장이라면 사업부장은 사장에게 보고할 때 어떤 메시지를 강조하고 싶을까? 실행을 꼼꼼히 챙기는 것은 중요하지 않다. 대신 이 변화가 사장이 강조하고 있는 친환경 어젠다에 어떻게 연결되고, 관련하여 각 부서가 제안하는 많은 과제 중 왜 이 변화가 효과적이고 중요한지를 잘 설명하고자 할 것이다.

사업부장은 사장이 중요하게 생각하는 것을 잘 이해하고 있고 임원답게 회사의 큰 그림을 고려해서 결정하는 리더로 보이고 싶을 것이다. 또는 경쟁사나 (내부 경쟁자인) 다른 부서보다 더 빠르게 실천하는 추진력 있는 리더임을 강조하고 싶을 수도 있다. 이런 사업부장이 사장에게 자랑스럽게 강조할 메시지가 잘 전달될 수 있는 요소가 담겨 있는 보고서라면 사업부장이 흔

쾌히 결제할 가능성이 높아진다.

3단계: 사업부장이 사장에게 보고할 때

사업부장 설득이 성공적이었다고 가정하고, 이제 사업부장이 되어 사장 보고를 준비해보자. 사장 보고 시 이 안건은 단독 보고사항이 아니고 친환경 전략 추진 현황 보고서 안에 한 페이지 정도를 할당받은 부분 안건일 수도 있다. 이 짧은 지면에 어떤 내용을 단순화하고 어떤 내용을 추가 또는 강조해야 할까? 회사의 최종 리더인 사장 보고이니 더 이상 넥스트 보스를 고려할 필요가 없게 된 것일까?

어떤 회사의 안건이든지 최종 보스는 사장이 아니라 주주와 고객이다. 여기에 시민사회가 추가되기도 한다. 사장은 궁극적으로 보고 미팅을 하지 않을 뿐이지 회사의 정책과 활동이 주주와 고객에게 어떻게 받아들여질 것인지를 끊임없이 고민해야 하는 자리이다. 사장 보고에는 친환경 포장재 변화를 고객에게 어떻게 홍보할 것이고, 어떤 반응이 기대되는지가 명확하게 강조되어야 한다.

앞선 세 단계의 보고 과정에서 김 대리의 보고서가 더 상급자에게 보고될수록 중요한 요소가 조금씩 달라지는 것을 확인할 수 있었다. 그럼 더 상위 직급의 의사결정자에게는 무엇이 더 중요한 고려 요소일까? 상황마다, 그리고 결정하는 사람의 성향에 따라 달라지겠지만 공통적으로 중요도가 증가하는 관점은 다음과 같다.

- 큰 전략과의 연계성
- 중장기 관점의 영향력
- 다른 대안과의 비교
- 경쟁 구도상의 시사점
- 조직과 사람 운용에의 영향
- 재무적 시사점
- 고객의 반응, 회사의 평판 영향 등

이렇게 나보다 한 단계 앞선 역할을 하고 있는 사람의 시선으로 상황과 논리를 평가하는 습관은 생각의 힘을 길러주는 좋은 훈련이 되어 주기도 한다. 생각보다 당신이 그 사람의 역할을 하게 될 순간이 가까이 있을 수도 있다.

목표 수준을
낮춰야 한다고 설득할 때

사례 장 팀장은 올해도 어김없이 내년도 목표 수준을 잡는 작업에 착수했다. 팀의 분석과 시장 전망치를 가지고 매출 성장목표를 뽑았지만 결국 사장님이 제시한 톱다운 목표를 맞추기 위해 모두 조금씩 숫자를 조정해야 할 것이다. 올해도 사장님이 꽤나 공격적인 20퍼센트 이상의 전사 성장목표를 잡도록 가이드를 전달했다는 소문을 들었다.

하지만 사정은 녹록지 않다. 팀이 담당하는 제품의 주 고객처들이 시장의 다운 사이클을 예상해 엄격한 재고 관리에 들어갔다. 상반기에는 예년의 절반 수준으로 발주가 줄어들 것으로 예상된다. 이런 상황에서 공격적인 목표를 잡는다면 악성 재고로 인한 큰 손실이 날 수 있다. 모두가 20퍼센트 성장목표를 잡고 있는데, 5퍼센트 미만의 목표를 전사 계획팀에서 수

궁할까? 어떻게 접근해야 할지 막막하다.

목표 수준을 결정하는 설득은 항상 어렵다. 상황과 성격에 따라 정도의 차이는 있겠지만 대부분의 경우 성과를 내고 책임을 져야 하는 사람은 달성 가능성을 기준으로 목표를 잡고 싶어 한다. 그러나 목표를 확정해야 하는 리더의 입장에서는 조금 더 의욕적으로 도전하도록 압박하게 된다.

목표란 항상 미래에 대한 것이라 아무리 논리적으로 접근한다고 해도 가정에 가정을 더하여 평가할 수밖에 없다. 이 과정에서 결국 얼마나 낙관적인가 하는 주관의 영역이 개입된다. 목표를 더 높게 잡으라고 압박하는 상대에게 내가 제안하는 수준이 적절하다는 것을 어떻게 설득해야 할까. 특히나 이 상황처럼 유독 보수적인 목표를 설득해야 한다면?

정박 효과를 활용하라

얼마전 유명한 여행 유튜버의 인도 여행 방송을 보던 중이었다. 이 유튜버는 네고(가격협상)에 강한 것으로 유명한 사람이었다. 함께 여행하는 동료가 10퍼센트 정도 가격을 깎아주는 제안에 지갑을 열려고 하자 다급하게 막아서면서 이렇게 요령을 강조한다. "형님. 무조건 반값을 부르고 시작하세요. 그래야 원하는 금액 근처에라도 가요." 정박 효과Anchoring Effect를 활용하는 협상을 하고 있었다.

정박 효과란 처음 제시한 조건이 기준점이 되어 그 이후 판단에 영향을 주는 현상을 말한다. 정박anchoring은 배가 닻을 내려 머무는 것을 의미한다. 닻을 내리면 그 위치를 기준으로 배가 크게 움직이지 않는 것처럼 처음 제시된 이미지나 숫자가 기억에 박히면 그 숫자를 기준으로 다음 숫자를 해석하게 된다.

옆 부서보다 목표 수준을 낮추겠다고 설득하려면 첫 커뮤니케이션에서 과감하게 낮은 숫자를 제시하는 것이 도움이 된다. 1~2퍼센트의 성장을 생각하고 있다면, 제로 성장 또는 아예 역성장을 이야기하는 것이다. 확실하게 다른 부서와 상황이 다르다는 것을 강렬하게 각인시키고, 기대 수준을 미리 조정해두는 것이다. 목표 설정에 대한 논의가 한참 진행된 뒤 예외적인 수준의 목표를 전달하면 상대방도 기대치를 조정할 시간이 부족해 더 설득이 어려워지기도 한다.

이런 정박 효과를 노릴 때에도 요령이 있다. 가격을 협상하듯 단호하고 단정적으로 "우리 팀은 사업 성과가 낮을 수밖에 없을 거예요."라고 이야기하면, "그렇게 자신 없으면 팀장 관두게." 하는 이야기를 듣게 될 수도 있지 않은가. 높은 목표를 설정하기 어려운 상황임은 명확히 전달하되 본인 스스로도 좀 더 정확한 확인을 위해 노력하는 중이라는 점을 분명하게 전달해야 한다.

> 올해는 환경적 요인을 고려하면 역성장을 기본 시나리오로 가정하는 것이 오히려 재고 리스크 관리를 위해 필요한 결정이라고 생각합니다. 최대한 어려운 여건에서도 타격을 줄일 수 있는 방법이 있는지 고민하는 중입니다. 다만 일정 부분 보완하더라도 타 부서와 확연히 다른 매출 목표 수준은 불가피할 듯합니다.

목표 수준의 설정

목표 수준이 적절한지 어떻게 평가할 수 있을까? 많은 경우 목표를 다른 목표 대비 비교해보고 상대적 수준을 평가하는 방식으로 근거를 찾는다. 이때 가장 많이 관행적으로 끌어오는 비교 기준은 이전 기간 대비, 또는 전사 평균 대비일 것이다. 관행을 따르면 장 팀장이 제출하는 목표는 더 공격받을 수밖에 없다. 그런 상황을 피하기 위해서는 상대방이 습관적으로 비교 기준을 적용하기 전에 이 목표의 타당성을 무엇과 비교할 것인지를 적극적으로 제안하는 것이 필요하다.

우선 생각해볼 수 있는 것은 고객처 상황의 영향을 함께 받는 경쟁사와 비교하는 것이다. 물론 경쟁사에서 내년 목표를 얼마로 잡을 것인지를 알아내는 것은 불가능한 미션이다. 대안으로 목표 수준이 가정하고 있는 시장점유율을 강조해서 설득할 수 있겠다. 비록 절대적인 매출의 규모는 축소되지만, 시장에서의 지위는 강화하는 것을 목표로 한다는 점을 분명하게 하고, 시장점유율 중심으로 평가받겠다고 설득하는 것이다.

과거 유사한 상황을 비교 근거로 빌려오는 것도 방법이 된다. 고객처가 재고 관리를 위해 주문을 줄인 이전 사례가 있다면, 이때의 수치들을 보여주는 것이다. 그때 기준으로 현재 생각 중인 매출 목표는 어느 정도인지, 또 매출에 따른 재고·관리 비용은 어떻게 달라지는지 이전 사례의 기록을 참고하여 시뮬레이션 한다면, 작년이 아니라 유사한 시장상황을 기준으로 평가받을 수 있을 것이다.

그러나 다른 팀 또는 평년보다 낮은 목표를 제출하면, 개인적인 성향에 대한 공격을 받을 수 있다. 패기가 부족하다거나, 가능성 중심으로 생각하지 않는다는 식이다. 설득해야 하는 대상도 (이 경우는 사장) 이 낮은 목표에 팀장의 개인적 성향이 얼마나 작용하고 있는지 의심하고 있을 것이다. 때문에 "그래도 장 팀장이라 이정도라도 목표를 잡은 것이지, 다른 사람이라면 역성장을 제안했을 거야."라는 포지셔닝을 만들어야 한다. 대체 다른 부서보다 15퍼센트 이상 낮은 목표를 제안하면서 무슨 수로 '패기 있는' 인재라는 평가를 받을 수 있을까?

아무리 비관적인 상황이더라도 상황이 이러니 우리도 따라서 실적이 줄 것이라고 비율대로 목표를 잡지는 않을 것이다. 그 와중에 어떻게든 새로운 시도나 영역을 개척하여 기본적으로 할 수 있는 여러 가지를 공격적으로 노력하고 있다는 메시지를 전달하는 것이 필요하다. 예를 들면 새로운 고객과 거래를 시작하겠다는 계획, 축소하는 시장에서 시장 점유율을 늘려서 시장 사이클이 돌아올 때 더 치고 나갈 토대를 마련하겠다는 계획 같은 것이다. 비록 그 노력과 연결된 성과가 대세를 거스를 만큼 크지는 않을 수 있지만 '어떤 태도'로 목표를 잡는지 전달하기 위한 메시지로는 제 역할을 할 것이다.

현재 목표를 잡을 때 고민한 과감한 시도 강조점이 분명하지 않다면, 돌아가서 더 고민해보는 것이 좋다.

기간을 짧게 또는 길게 바꾸어 평가하라

이런 저런 방법을 동원해도 내년 목표가 두드러지게 낮다는 사실은 여전히 설득을 어렵게 한다. 이런 경우 상황을 바라보는 시간의 단위를 바꿔보는 것도 낮은 목표의 의미를 해석하는 데 유용할 수 있다. 앞서 소개한 상황처럼 사이클이 심한 상품을 취급하고 있다면, 숫자를 바라보는 시점을 늘려 3개년 평균선이 어떻게 달라지는지 보여줄 수 있다. 이 방법으로 올해 실적이 매우 좋아 내년은 동일한 수준을 유지하지 못하지만, 장기적으로는 건강한 성장 곡선을 유지하고 있다는 설득이 가능하다.

시간을 더 짧게 잘라 해석하는 것도 방법이다. 비록 연간으로는 1~2퍼센트의 성장을 가정하지만, 1분기에 마이너스 10퍼센트 성장이 예상되고, 그 이후 점차 바닥을 찍고 성장을 회복해 4분기에는 15퍼센트의 분기 기준 성장을 달성하는 모습이라면, 이 목표의 설득력이 더 늘어날 것이다.

M&A자문 컨설팅 사업의 전략을 수립하고 사업목표를 정하는 논의에 참여했을 때의 일이다. 글로벌 M&A 딜 시장은 주기성을 가져 딜과 관련된 컨설팅 서비스에 대한 수요 역시 주기성을 가질 수밖에 없다. 당시 팀은 M&A활동이 수축기에 들어가고 있다고 판단했고, 실제로 전년보다 역성장하는 사업 목표를 설득할 수 있었다. 다른 컨설팅 라인은 모두 최소 10퍼센트 이상의 공격적인 성장목표를 잡은 해였다. 이 경우에도 설득의 주요한 스토리는 3개년 이동선을 따져보면 여전히 건강한 성장 곡선 안에 있는 것이고, 시장이 다시 활성화될 때 시장 점유율을

확대하는 것을 목표로 하고 있다는 점이었다.

    이렇게 연간으로 목표를 취합하는 상황이라 하더라도 이 목표를 정당하게 해석하는 데 적합한 시간 프레임을 함께 보여주는 방법을 활용해보자.

4장

단순하게 설득하라

이해하기 쉬워지면
설득 가능성이 커진다

커뮤니케이션은 간단명료해야 효과적이다. 이 원칙은 학교나 회사에서 끊임없이 강조되어온 것이라 당연한 이야기로 들린다. 설득의 맥락에서는 그 중요성이 더욱 강조된다. 나는 분명히 맞는 내용을 준비했는데, 상대방이 "무슨 이야기인지 잘 모르겠는데?"라며 고개를 갸웃거린 경험은 대부분이 가지고 있을 것이다. 상대방의 이해력을 탓할 수도 있지만 아쉬운 것은 설득을 해야 하는 쪽이다. 보고서 작성과 관련된 많은 자기계발서에서 한 페이지 보고서 작성법이 자주 강조되는 것도 동일한 이유일 것이다.

왜 단순한 스토리가 효과적일까? 여기에는 '처리 유창성'이라는 개념에 주목할 필요가 있다. 처리 유창성은 주어진 자극과 정보를 처리하는 사람이 주관적으로 경험하는 용이성, 즉 정보를 처리하는 데 얼마나 많은 노력이 필요한지를 의미한다. 사람들은 처리 유창성이 높을수록 그 내용이 사실이라고 받아들이거나 더 큰 호감을 보인다. 이해가 쉬울수록 동의할 가능성이 커진다는 뜻이다.

> **처리 유창성**(processing fluency)
> 정보나 자극을 처리하는 과정에서 개인이 주관적으로 경험하는, 쉽게 처리되거나 이해되는 정도를 의미한다. 처리 유창성이 높을수록 그 정보를 더 신뢰하거나 긍정적으로 평가하는 경향이 있다.

정보 처리의 난이도에만 국한되지 않는다. 사람들은 심지어 동일한 내용을 읽을 때에도 읽기 쉬운 깔끔한 서체와 글자 크기로 제시되었을 때 그 내용이 더 타당하다고 평가하기도 하니 말이다.[1]

미시간대학교에서는 학생들을 대상으로 운동법 또는 요리 레시피에 대한 설명서를 읽게 한 뒤 내용의 난이도를 평가하게 했다. 실험에 참가한 학생들은 동일한 설명서를 읽었다. 유일한 차이는 한 그룹은 가독성이 좋은 서체로 된 설명서를, 다른 그룹은 읽기 어려운 필기체로 된 설명서를 읽었다는 점이다. 필기체로 된 설명을 읽은 그룹은 깔끔한 서체를 읽은 그룹보다 운동법과 레시피가 실행하기 더 어려울 것 같다고 평가했다. 글자 크기가 작아지는 것도 동일한 효과를 보였다.

왜 정보의 처리가 쉽게 느껴지는지 여부가 내용 평가에 영향을 줄까? 진화심리학자들은 친숙한 것은 안전과 연결되고(자주 보는 동물이 날 사냥할 가능성은 낮을 것이다.), 또 친숙한 것일수록 처리 유창성이 높기 때문에 본능적인 선호연결고리가 형성되었다고 설명한다. 사람들의 뇌가 게을러서 쉽게 처리할 수 있는 정보를 좋아한다는 설명도 있다.

어떻게 설명하든 쉽고 명료한 설명은 중요하다. 정보 처리가 어려워 머릿속이 복잡하고, 무엇인가 놓치고 있는 것 같은 때에는 결정을 위해 충분히 검토했다는 확신을 갖기 어렵다. 우리가 피하려고 하는 '등 떠밀려 결정하는' 느낌이 든다면 설득은 어려워진다.

쉬운 설득의 중요성을 인정한다고 해도 쉽게 전달이 안 될 때가 있다. 쉽게 전달하려면 먼저 본인의 생각이 명확하게 정리되어야 한다. 아인슈타인은 이렇게 말했다. "간단하게 설명할 수 없다면 아직 충분히 이해하지 못한 것이다."

설득의 근거 구조는
다다익선이 아니다

처리 유창성을 높이기 위해 가장 먼저 해야 할 일은 주장하는 바와 설득의 근거 구조를 단순하게 정리하는 것이다. 설득을 준비하는 사람의 입장에서는 최대한 다양한 관점을 빠짐없이 설명하고 싶을 것이다. 특히 간절하게 설득하고 싶은 내용이라면 의욕이 앞서 하나라도 더 많은 이유를 알려주고 싶을 것이다. 세 가지 이유를 들었을 때보다 다섯 가지 이유를 듣는 것이 더 확신이 들까? 다섯 가지 이유에 다섯 가지가 더해져서 열 가지 이유가 된다면 더 강력한 확신을 줄 수 있을까? 아이러니하게도 많은 경우 하나라도 더 알려주려는 시도는 오히려 역효과를 가져온다.

더 많은 이유를 나열하는 것이 설득에 독이 된다는 흥미로운 결과를 보여주는 실험도 있다.² 피험자들은 영국과 구르카의 전쟁에 대한 이야기를 읽고 이 전쟁에서 영국이 승리했다는 역사적 사실도 들었다. 그런 다음 영국이 이 전쟁에서 이길 수 있었던 이유가 무엇인지 물었다. 한 그룹에는 두 가지 이유를, 다른 그룹은 열 가지 이유를 적도록 요구했다. 그리고 나서 만일 이 전쟁이 발생한 시점으로 되돌아간다면 전쟁의 결과가 어떠했을 것 같은지를 물어봤다. 열 가지 이유를 생각했던 그룹은 두 가지 이유만 생각한 그룹보다 더 영국의 승리를 확신했을까? 놀랍게도 결과는 정 반대였다. 열 가지 이유를 생각해야 했던 그룹이 오히려 다시 전쟁 상황으로 돌아간다면 영국이 이길 확률이 낮다고 평가했다.

왜 이런 결과가 나왔을까? 열 가지 이유를 생각하려면 그 과정이 어렵다. 즉 처리 유창성이 낮아지고, 또 억지로 채워 넣은 타당성이 부족한 이유도 섞이게 된다. 이 요소들이 복합적으로 작용해서 결론에 대한 확신이 오히려 낮아지게 되는 것이다. 실제 비즈니스 상황에서도 이렇게 많은 근거를 제시하려는 노력이 오히려 설득의 효과를 떨어뜨리는 상황이 종종 발생한다.

여기 대체육 밀키트로 신사업 진출을 설득하려는 프로젝트 팀이 있다. 팀은 신사업을 정말 추진하고 싶었기 때문에 이 사업이 좋은 기회라는 것을 설득하기 위해 철저하게 다방면의 검토를 진행했다. 이 신사업이 좋은 기회 요인이라는 점을 설득하기 위해 다음 근거들에 대한 조사 분석을 진행했다.

| 근거 1. | 대체육 잠재 구매 고객이 충분히 많을 것이다.
| 근거 2. | 이 고객 수는 앞으로 더욱 증가할 것이다.
| 근거 3. | 자사 브랜드 신뢰도로 고객 선택에 유리하다.
| 근거 4. | 기존 유통 채널로 빠른 확산이 가능하다.
| 근거 5. | 대체육 제품의 맛이 개선되어 경쟁력이 강화될 것이다.
| 근거 6. | 대체육 선호 고객은 가격에 민감하지 않다.
| 근거 7. | 경쟁사보다 저렴하게 좋은 품질의 원료 확보가 가능하다.
| 근거 8. | 대체육 적용 식단의 범위가 증가할 것이다.
| 근거 9. | 경쟁사보다 더 탁월한 기술력을 확보할 것이다.
| 근거 10. | 빠른 규모 확장으로 추가 경쟁사 진입을 저지할 수 있다.

검토하는 입장에서는 다양한 요소에 대해 고민하고 검토해 보는 과정이 필요하다. 그러나 설득하는 입장에서 이 모든 요소를 같은 중요도로 나열하면 어떤 일이 생길까? 설명을 듣는 사업본부장의 입장이 되어보자.

설명을 시작한 팀은 가장 중요하면서도 자신 있게 증명할 수 있는 근거부터 설명하기 시작한다. 처음 서너 가지의 근거를 듣고 난 사업본부장은 이 기회가 매력적인 기회라는 주장에 상당히 수긍이 가기 시작했다. 그런데 그 뒤에 추가적인 주장들이 계속 이어지면서 조금씩 혼란스러워지기 시작한다. 아무래도 가장 중요하면서도 강력한 논거들은 앞서 설명되었기 때문에 설명이 길어질수록 "이게 중요한 근거가 될 수 있나?" 또는 "어…… 정말 그런가? 너무 억지로 자료를 해석한 것 아닌가?"하는 생각이 드는 애매한 논거들이 남기 때문이다.

설상가상으로 사람은 가장 최근에 제시된 정보에 더 많은 비중을 부여한다. 이제 처음에 소개된 중요하고 강력한 고려 사항은 어느새 잊히고 사업부장의 기억에는 찜찜한 주장들만 남게 되는 것이다. 조사 분석한 모든 내용을 다 설명하려고 욕심내지 않고 다음과 같이 단순화하여 설명했더라면 이 설득은 훨씬 더 수월하게 이루어질 수 있었을 것이다.

이 사업이 매력적인 이유는 성장성이 높은 큰 규모의 시장 기회이며, 우리가 경쟁사보다 잘 할 수 있는 차별점을 가지고 있기 때문입니다. 각 판단의 가장 중요한 근거는 다음과 같습니다.

시장 기회가 커질 것이다
- 근거 1. 대체육 구매 의사 고객이 충분히 많을 것이다.
- 근거 2. 이 고객 수는 앞으로 더욱 증가할 것이다.
- 근거 3. 대체육 제품의 맛이 개선되어 경쟁력이 강화될 것이다.

충분한 경쟁력을 확보할 것이다
- 근거 1. 자사 브랜드 신뢰도로 고객 선택에 유리할 것이다.

`근거 2.` 경쟁사보다 저렴하게 좋은 품질의 원료 확보가 가능하다.

`근거 3.` 기존 유통 채널로 빠른 확산이 가능하다.

그 외에도 적용되는 식단 범위, 가격 경쟁력, R&D 역량 확보 가능성, 경쟁구도 등도 추가 검토했습니다. 도전이 되는 부분도 있지만 시장 매력도를 결정적으로 저하하는 우려사항은 없었습니다.

왜 두 번째 방식이 설득에 유리할까? 내용을 크게 두 가지 논거로 묶고 그 아래 세부 논거를 연결하여 핵심적인 논거가 잘 전달되도록 했다. 그리고 각 세부 논거들이 결론에 어떻게 연결되는지도 친절하게 설명해주었다. 상대적으로 중요성이 떨어지는 논거들은 기타로 묶어서 전달해 중요한 논거에 대한 집중력이 유지되도록 하였다.

잊지 말자. 논거는 다다익선이 아니다. 기억하기 쉬운 단순한 구조로 중요한 것 위주로 전달해서 정보가 쉽게 처리될 수 있어야 한다.

복잡한 내용을 쉽게 정리하는
일타강사식 설득법

복잡한 내용을 이해하고 기억하기 쉽게 전달하는 것을 가장 잘하는 사람은 어디에서 찾을 수 있을까? 가까이에서 쉽게 찾을 수 있는 좋은 예는 각종 학원의 일타강사들일 것이다. 강사라는 직업의 가장 핵심 기술이 어려운 내용을 쉽게 이해할 수 있게 풀어내는 것이니 말이다.

학생들에게 큰 인기가 있는 강사들의 공통점을 찾아보면 대부분 유머러스하고 개성적인 매력을 가지고 있다. 아쉽지만 누구나 쉽게 따라하기 어려운 특징이다. 하지만 실망하기에는 이르다. 그들의 강의 운영 방법을 들여다보면 설득을 위한 설명에 적용할 수 있는 유용한 요소가 많다.

1. 내용의 구조를 먼저 소개한다

일타강사들은 항상 수업을 시작할 때 오늘 무슨 내용을 다룰 것인지 설명하는 것으로 시작한다. "오늘은 조선 중기 (1) 정치, (2) 경제, (3) 지배층의 문화를 차례로 다루어봅니다."와 같은 식으로 말이다. 이렇게 다루어질 내용의 큰 그림을 먼저 알려주면 듣는 사람들은 이후 쏟아지는 많은 정보를 차곡차곡 머릿속에 어떻게 정리할지 준비할 수 있다. 또 중간에 이 내용이 전체 그림에 어떻게 연결되는지 이해하기도 쉬워진다.

보고서에서 이러한 역할을 하는 것은 목차나 복잡한 정보의 구조를 정리해 미리 보여주는 프레임워크framework이다. 곧바로 상세한 정보에 뛰어들지 말고 친절하게 정보를 정리할 구조를 먼저 제시하도록 하자.

2. 중간 요약을 한다

10~15분 정도 강의가 진행되면 다음 내용으로 넘어가기 전에 지금까지의 내용을 짧게 요약·정리한다. 중간 요약은 다양한 효과가 있다. 반복을 통해 내용을 더 잘 기억할 수 있게 해주며, 설명하는 사람이 강조하고 싶은 부분을 선별적으로 보여주는 기회가 되기도 한다. 요약을 통해 한 덩어리의 내용에 대해 충분히 알았다는 느낌이 들면, 이어지는 다음 덩어리의 내용에 더 잘 집중할 수 있다.

3. 시각화 도구를 활용한다

칠판 또는 화면의 구성을 활용한다. 타임라인이 중요한 사건들을 설명할 때에는 연대표를 뚝딱 그리기도 하고, 나라 간의 사건을 설명할 때에는 순식간에 지도를 그려내기도 한다. 많은 연습이 필요한 연출이지만 노력을 아끼지 않는 것은 정보의 관계를 시각적으로 뒷받침하는 것이 얼마나 효과적인지 잘 알기 때문이다.

4. 설명이 길어지면 주의를 환기한다

학생들의 주의력이 흐트러질 때면 동기부여를 위한 이야기를 하거나 농담을 한다. 듣는 사람의 집중력이 유지되는 시간에 한계가 있다는 것을 잘 알기 때문이다. 특히 짧은 동영상을 통한 미디어 소비가 대세가 된 요즘 사람들은 긴 글을 읽거나 긴 설명을 듣는 것을 더 어려워하게 되었다. 불가피하게 긴 시간 발표를 진행해야 한다면, 적어도 20분에 한 번 정도는 이미지나 동영상을 적극 활용하거나 시사점을 되짚는 방식으로 다시 집중력을 올릴 수 있는 장치를 넣어두는 것이 좋다.

시각적 자료는 선별한다

짧고 단순한 내용은 한두 장의 간결한 보고서로 공유되지만, 복잡하고 많은 정보가 함께 고려되어야 하는 설득은 시각적 효과가 결합된 여러 장의 프레젠테이션 자료가 동원된다. 대표적으로 슬라이드 제작에 특화된 파워포인트 프로그램을 많이 사용할 것이다. 최근에는 생성형 AI를 결합한 새로운 도구도 큰 관심을 끌고 있다. 슬라이드에 삽입할 수 있는 다양한 이미지를 제공하는 서비스도 흥행 중이다. 그러다 보니 시각적으로 화려한 자료를 만드는 것이 이전과는 비교할 수 없이 수월해지고, 이제는 시각적으로 수준 높은 자료를 만드는 것이 누구나 갖추어야 하는 기본 역량으로 간주되기도 한다. 그러다 보니 자료를 소비하는 사람들도 디자인에 대한 기준이 올라가는 현상이 벌어졌다.

이런 현상에 휩쓸려 놓치는 부분은 없을까? 지나친 배경 이미지 활용으로 정작 내용이 간소화되거나 가독성이 떨어진다든가, 무의미한 공간 분할로 읽기 어려워진 자료를 접한 경험은 누구나 있을 것이다. 오히려 과도한 시각적 장식과 내용이 잘 어울리지 못하면 그 자료의 처리 유창성은 떨어지고, 내용에 대한 신뢰도도 훼손된다. 그래서 색감, 아이콘, 공간 분할, 그리고 삽입되는 이미지들은 내용을 더 잘 전달하는 것을 돕는 역할이 있을 때 절제하여 사용해야 한다.

글로벌 경영컨설팅회사인 베인앤드컴퍼니Bain & Company에서는 이런 철학을 강조하기 위해 자료를 시각적으로 수정하고 개선하는 작업을 "CFR한다(Do CFR)"라는 내부 용어를 만들어 사용하고 있다. 이때 CFR은 결과를 위한 커뮤니케이션Communication For Results의 약자로 시각적 효과는 커뮤니케이션을 돕는 도구라는 점을 강조한다. 기억해둘 만한 내용이라고 생각한다.

말 너머에 숨어 있는
상대를 파악하라

　아무리 유용한 도구와 체크리스트를 가지고 있다 해도 정확하고 깊이 있는 입력값이 없으면 그저 다각도로 어림짐작하는 수준에 머물게 된다. 상대방을 이해하기 위한 중요한 전제 조건으로 경청과 좋은 질문을 강조하는 이유다.
　설득을 위한 질문에 대답하기 위해서는 평상시 상대방이 하는 이야기를 경청하고 있어야 한다. 경청傾聽이라는 단어는 기울인다傾와 듣는다聽는 글자가 합쳐져 완성된다. 단순히 귀로 듣는 것이 아니라 말 너머에 있는 상대방의 감정과 욕구까지 궁금해하며 듣는 것이다. 이런 경청에는 적극적인 노력이 필요하다.
　특히 비즈니스 대화의 경우 상대방의 말을 듣고 있지만 우리의 관심은 그 내용이 나에게는 어떤 영향을 줄 것인지, 또는 그 말을 어떻게 받아쳐서 나의 유능함을 보여줄 것인지를 생각하고 있을 때가 많다. 그러다 보면 상대방이 하는 이야기의 행간에 담겨 있는 중요한 의도를 놓치게 된다. 많은 경우 열 가지 빼곡한 근거보다, 정확히 파악한 상대방의 의도가 설득의 실마리가 된다. 내가 할 말을 생각하느라 귀중한 정보를 놓치는 실수를 해서는 안 된다.

설득에서 경청이 주는 또 하나의 보너스 효과가 있다. 사람은 상대방이 자신의 의견을 경청하고 있다고 느낄 때 심리적으로 안정감을 느끼고 열린마음으로 자신의 태도를 성찰할 수 있다. 경청 자체가 상대방을 설득하는 데 강력한 도움을 제공하는 것이다.

경청을 연구하는 사회심리학자 가이 이크차코프와 연구진은 대학생들이 짝을 지어 다양한 사회적 논쟁거리에 대한 자신의 주장을 상대방에게 설명하도록 했다.[3] 이때 일부는 경청해주는 (눈을 맞추고, 주의를 기울이고, 표정과 몸짓으로 반응해주는) 짝을 만나고, 일부는 경청하지 않는 (중간에 핸드폰으로 문자를 확인하는 등) 짝을 상대해야 했다. 연구진은 경청 상대를 만난 사람들의 태도가 좀 더 복잡한 요소를 고려하고 덜 극단적이 되는 효과를 관찰할 수 있었다. 이렇게 잘 들어주는 것만으로도 설득이 수월해질 수 있다는 점을 잊지 말자.

예산 증액을
설득할 때

사례 김 대리는 회사의 신입사원 교육 담당자다. 신입사원 교육은 해마다 진행되는 과정이어서 체계적으로 예산이 배정되어 있고, 주어진 예산 안에서 프로그램 비용을 관리하고 있다. 그런데 강사를 섭외하는 과정에서 변수가 생겼다. 사장님이 요즘 주목받는 AI 산업에 대해 신입사원부터 충분한 교육이 이루어지도록 하라는 지시를 내린 것이다.

문제는 예산 증액 없이는 섭외가 어려웠다. 요즘 너무나 인기가 많은 주제이다 보니 강사 수가 턱없이 부족해 만족할 만한 프로그램을 꾸리려면 매우 비싼 강의료를 지불해야 했다. 대안이 될 수 있는 다른 형태의 교육도 생각해 보았지만, 일정이 촉박해 꼭 해당 강사를 섭외해야 하는 상황이다.

일정도 있지만 가장 큰 문제는 비용을 처리하는 경영지원팀을 설득하는 것이다. 강사 섭외료 상한선이 정해져 있어 과다한 비용이 발생할 경우 사후에 상당히 골치 아픈 상황이 만들어지곤 했다. 때문에 사전 동의 과정이 꼭 필요했다. 비용 처리 담당자는 교육 프로그램 구성과 강사 섭외 프로세스를 모르기 때문에 일정과 예산에 맞춰 강사를 구하면 되는 것 아니냐며 강경한 태세다.

정해진 예산을 증액하는 설득은 까다롭다. 대부분의 조직에서는 정해진 비용을 관리하기 위해 증액 프로세스를 의도적으로 번거롭게 설계한다. 게다가 설득해야 하는 상대방의 업무는 예산의 변동을 적게 만드는 것이다. 예산 변동의 요청에 'No'라고 반응하도록 기본값이 설정되어 있는 셈이다.

성공의 정의 맞추기

김 대리의 설득이 어려운 이유는 성공의 정의가 서로 다르기 때문이다. 그의 입장에서는 비용이 증가하더라도 좋은 교육과정을 운영해 참가자들에게 긍정적인 피드백을 얻는 것이 중요하다. 그렇기 때문에 수준이 떨어지는 강사를 섭외하는 리스크를 감당할 수 없다. 반면 비용 처리 담당자 입장에서는 예산에 맞춰 비용이 관리되는 것이 성공의 정의다. 추가 비용이 회사 전체에 어떤 가치를 돌려주는 것인지 깊이 있게 고민해야 할 이유가 없다.

서로 다른 결과를 원하는 설득을 해야 할 때에는 의사결정자를 바꿀 수 없는지 고민해봐야 한다. 다시 말하면 누가 진짜 결정 권한을 가지는 상황을 만들 것인지를 능동적으로 정의하는 것이다. 나와 성공의 정의가 같으면서 결정할 수 있는 사람은 누구일까? 이 상황에서는 가장 윗선에 있는 사장일 수도 있고, 사장의 지시가 잘 수행되기를 바라는 인사담당 임원일 수도 있다. 사장이 너무 멀다면 인사담당 임원을 결정 과정에 끌어들여 결정 권한을 가지도록 시도해볼 수 있다.

김 대리가 인사담당 임원을 끌어들이고 싶다면 어떤 방법이 있을까. 먼저 담당 임원에게 사장의 지시사항을 반영하기 위하여 '비용이 증가하지만' 다행히 A급 강사를 찾았으니 섭외를 하려 한다는 안을 공유하고 섭외한 강사에 대한 동의를 구해볼 수 있을 것이다. 이 구도에 예산을 관리하는 사람을 논의에 참여시켜 예산 확보에 문제가 없는지 문의하는 상황을 만들어보자. 비용 관리 담당자와 둘만 있는 상황에서는 비용관리 담당자가 결정 권한을 가지게 되지만, 인사담당 임원이 포함되면 비용관리 담당자의 역할은 동의로 변한다. 그리고 인사담당 임원이 지켜보고 있다는 사실은 의견을 제시할 때 종합적으로 고려하게 만드는 압박으로 작동할 것이다.

상대방 입장에서 스토리를 만든다

종합적인 청자 분석으로 설득 스토리의 힘을 늘리는 방법도 고민해볼 수 있다. 예산을 늘려달라는 요청을 받은 상대의 마음에는 여러 생각이 작동하지만 공통적으로 적용되는 '망설이는 이유'가 존재한다. 많은 경우 비용의 추가를 요청하는 사람과 비교했을 때 상대방은 상황에 대한 상세한 정보를 가지고 있지 않다. 증액을 요청하는 사람의 판단에 어느 정도 의지할 수밖에 없는 것이다.

이런 상황에서는 대부분이 상대방의 이야기를 신뢰해도 되는지, 이번에 쉽게 동의하면 유사한 요청이 반복되는 것은 아닌지 우려하게 된다. 설득의 스토리는 이 두 가지 우려에 대한 직접적인 답을 포함하고 있을 때 힘을 가진다.

김 대리가 비용 증가를 요청할 때 다음의 이야기를 선제적으로 설득력 있게 전달한다고 생각하고 상대방이 되어보자.

- 회사 전체의 이득을 위해 정말 불가피한 변화라는 점
- 비용에 미치는 영향을 최소화하기 위해 자체적으로 할 수 있는 많

은 조치를 이미 취하고 있다는 점
- 요청하는 증액은 일회적인 것으로 반복될 우려가 적다는 점

상대방이 가지고 있는 망설임 포인트에 대해 먼저 명쾌한 답을 전달하는 것만으로도 설득의 난이도는 확실하게 낮아질 것이다.

경쟁자를 누르고
선택되어야 할 때

사례 A사의 박 대리는 고객사 회의실에서 구매 담당자를 기다리고 있다. 고객사는 지금 새로운 상품을 개발 중이고 박 대리의 회사는 중요한 재료를 납품할 기회를 잡기 위해 몇 달 전부터 이 고객사에 공을 들이고 있다. 한 번 재료 구매처를 정하고 제조 과정을 최적화한 뒤에는 고객사에서도 쉽게 파트너를 바꾸기는 어려워 이번 설득에 성공하면 상당한 규모의 안정적인 성과를 기대할 수 있을 것이다.

문제는 이 기회를 노리고 있는 곳이 A사 하나는 아니라는 것이다. 경쟁사 B사도 열심히 고객사를 설득 중인 것으로 공공연하게 알려져 있다. A사가 밀고 있는 제품은 B사의 제품에 비해 객관적으로 품질면에서 우수하다는 여러 증거를 제시할 수 있다. 하지만 B사의 제품보다 다소 비싸다는 것이 약점이다. A사 자체적으로도 가격을 낮추어 제시하기 위해 많은 노력을 하고 있지만 한계가 있어 가격의 불리함을 안고 설득해야 하는 상황이다.

밤새 준비한 자료는 A사 제품의 품질이 더 우수하다는 것을 충분히 보여주고 있다. 박 대리는 초초하게 기다리며 이 자료가 성공적인 계약으로 이어지길 바라고 있다.

우리는 종종 경쟁자가 있는 설득 상황을 마주한다. 입사 면접은 여러 후보자 중 내가 가장 적합한 인재임을 설득하는 커뮤니케이션이다. 상품을 파는 것도 다른 상품보다 우리 제품이 가장 좋은 제품이라는 것을 설득하는 과정이다. 프로젝트를 수주하기 위한 경쟁 프레젠테이션은 세일즈맨이라면 피할 수 없다.

경쟁자가 있는 설득은 일대일 설득보다 더욱 다이내믹하다. 내가 제시하는 것이 좋은 것임을 설득하는 것만으로는 충분치 않고, 경쟁자가 제시하는 것 중 가장 좋은 것임을 설득해야 하기 때문이다. 상대방을 잘 이해하는 것만으로는 충분하지 않고 더 나아가 경쟁자가 어떤 패를 제시하는지 레이다를 켜고 최대한의 정보를 모아야 한다.

기본적으로 경쟁력 있는 제품과 서비스를 준비하고, 고객사의 결정권자에게 신뢰를 얻을 수 있는 좋은 관계를 구축하는 것은 기본이다. 아무리 좋은 제품을 가지고 와도 신뢰가 가지 않는 상대방과는 파트너십을 만들고 싶지 않을 것이다. 또 아무리 좋은 스펙을 가진 후보자라 해도 호감이 가지 않는다면 뽑고 싶지 않는 것이 인지상정이다.

경쟁력 있는 제안을 준비하고, 인간적 신뢰와 호감을 얻기 위한 각자의 노력이 뒷받침되었다고 전제할 때 이것을 어떻게 설득력 있게 커뮤니케이션할 것인지 집중해보자.

기억해야 할 메시지는 단순하게

내가 설명하는 제품, 서비스에 다섯 가지 장점이 있다면, 이 중 가장 강렬한 인상을 남길 수 있는 것에 집중해야 할까, 아니면 짧더라도 모든 장점을 설명하는 것이 중요할까? 제한된 시간에 가치를 설명해야 하는 사람이라면 한 번쯤 고민해 보았을 문제다. 답은 경쟁자의 수와 상대방의 결정 프로세스에 따라 달라진다.

경쟁자의 수가 다섯이 넘어가는 상황이라면 모든 후보를 꼼꼼하게 평가하는 것이 어려워진다. 그래서 많은 경우 일단 서너 개로 후보를 압축하고, 압축된 후보들에 대해 좀 더 자세한 평가를 하게 된다. 우선 압축된 그룹에 들어가는 것이 최우선의 목표다. 이 단계에서는 결정적으로 문제가 될 수 있는 약점을 방어하고 다른 선택지와 나를 차별화할 수 있는 장점 한두 가지를 명확하게 강조하는 것이 일반적으로 더 유리하다. 선택하는 사람 입장에서는 더 자세히 알아보아야 할 이유가 생기기 때문이다.

특히 여러 후보를 비교해야 하는 상황에서는 처리할 수 있는 정보의 양과 깊이가 제한적이라는 점을 기억하고 기억해야 하는 메시지를 단순하게 구성해야 한다.

상대의 니즈를 먼저 파악한다

경쟁 상황이라면 나의 장점을 전달하는 것 못지않게 중요한 포인트가 있다. 바로 어떤 기준으로 대안을 비교하고 평가하는 것이 적합한지에 대한 설득이다.

박 대리의 자료는 A사의 제품 품질이 탁월하다는 것을 설명하는 데 집중되어 있었다. 그러면 된 것일까? 가장 허무한 상황은 이런 경우이다. "네 설명 잘 들었습니다. A사 제품이 뛰어나다는 것은 알겠습니다. 하지만 우리는 지금 원가 경쟁력이 더 중요합니다. 제가 찾고 있는 것은 최소한의 품질 기준을 충족한 가장 저렴한 제품입니다."

아무리 나의 강점을 잘 전달해도 상대방의 평가 기준과 어긋나 있으면 소용이 없다. 그래서 경쟁 제안에서 경험이 많은 세일

즈맨은 상대방에게 무엇이 중요한지 파악하는 데 충분한 노력을 기울인다. 진짜 고수는 상대방의 기준을 이해하는 것을 넘어 어떤 기준으로 선택해야 하는지를 설득해낸다.

내가 일했던 회사는 글로벌 프리미엄을 인정받는 회사였다. 여기서 인정이란 대부분의 경쟁상황에서 다른 회사 대비 더 높은 비용을 설득해내야만 한다는 것을 의미했다. 프리미엄이 충분한 가치가 있는가 설득하는 것은 항상 스토리라인의 핵심이 된다. 그 스토리라인에는 모두가 쉽게 짐작할 수 있듯이 경쟁사 대비 이 회사가 무엇을 더 잘하는지가 포함된다. 유사한 프로젝트를 했고, 경험이 풍부한 전문가가 팀을 이끌 것이며, 강력한 관련 데이터베이스가 있다. 하지만 못지않게 강조되는 설득 메시지는 이 프로젝트가 고객사에게 얼마나 중요하며, 성과의 질에 따라 얼마나 기업 가치에 큰 영향을 줄 수 있는지이다. 이 메시지를 강조하여 전달하고 싶은 핵심은 "비용 중심이 아니라 얼마나 잘 할 수 있는지 기준으로 파트너사를 선택하셔야 합니다."이다.

해결해야 하는 문제의 성격을 어떻게 설정하는지에 따라 평가할 때 어떤 측면을 더 중요하게 고려할지 영향을 줄 수 있다. 어떤 메시지를 전달하면 나의 강점이 더 의미 있다고 받아들여질 것인지 고민해보자.

'을'의 마인드에서 벗어나라

선택을 받는 상황이 되면 대부분의 사람은 수동적이 된다. 소위 말하는 '을'의 마인드가 되는 것이다. 상대방이 세세하게 프로세스를 규정한 제안요청서를 공문으로 보내기라도 하면, 정해진 프로세스를 어떻게 준수할 것인지에 신경이 집중되고, 요청서에서 제공하는 정보에 시야가 좁아지고는 한다.

질문하는 사람과 대답하는 사람의 구도에서 벗어나지 못하면 상대방이 보고싶은 부분만 전달할 뿐 나의 강점을 제대로 보여줄 수 없다. 설득의 프로세스는 능동적으로 연출해야 한다. 흐름을 리드하기 위해서는 적극적으로 질문하고, 상대방이 공유해주는 정보에 적극적으로 반응하는 모습을 보이는 것이 중요하다.

처음으로 국내 금융기관을 대상으로 한 큰 규모의 프로젝트 경쟁 입찰을 리드했을 때의 일이다. 결정을 담당하는 사람은 초면인데다 경직된 프로젝트 입찰 프로세스를 가진 금융기관 답게 50페이지에 달하는 제안요청서를 보내 내 사고방식을 경직되게 만들었다. 제출해야 하는 열 가지가 넘는 서류를 빠짐없이 챙기는 것만도 골치아파 보였다. 이때 경험이 많은 선배 파트너의 조언은 이후에도 큰 도움이 되었다. "제안요청서만 들여다보지 말고 빨리 담당자와 약속부터 잡으세요. 제안요청서에서 궁금한 것은 직접 물어보고, 어떤 것을 추가로 설명할지도 제안해 보고요. 요청서를 작성할 때 담당자도 미처 생각하지 못한 점도 있을 거예요."

그 조언을 따라 이후 수차례 짧은 추가 미팅을 진행했고, 프로젝트 수행에 필요한 보조 프로그램의 시연 미팅을 제안하는 등 프로세스 자체에 대해서도 의견과 조언을 주고받을 수 있었다. 최종적으로 파트너사로 선정되었을 때 내가 받은 피드백은 이러했다. "프로젝트를 어떻게 구조화해야 할지 함께 고민해준 점이 가장 좋았습니다. 또 그 과정을 통해 함께 프로젝트를 할 때 협업이 잘 될 것이라는 기대감이 더 올라갔어요."

주고 받는 상호작용을 통해 상대방의 니즈를 더 잘 파악할 수 있고, 상대방은 앞으로 함께 일하게 되면 관계가 어떨 것인지 짐작할 수 있다. 거기에 주고받는 대화의 빈도가 늘어날수록 친숙도가 증가하고, 이는 호감으로 연결된다.

5장
완벽한 설득의 연출가가 되라

한 방을 노리는 설득은
실패를 부른다

　열혈 회사원이 주인공인 드라마에 자주 등장하는 클리셰가 있다. 수세에 몰린 주인공과 의리 있는 동료들이 판세를 뒤집기 위한 마지막 시도에 돌입한다. 촉박한 시간이지만 밤을 새워 치열하게 보고서를 준비하고, 중역 회의가 끝나갈 무렵 멋지게 등장한다. "5분만 저희 이야기를 들어주십시오." 임원들은 어리둥절해하고, 젊은 패기에 흥미를 보이던 사장님이 멋지게 한마디 한다. "흥미롭군. 저 친구의 의견을 검토해보게."
　조직 생활을 경험해본 사람이라면 알고 보니 주인공이 사장님의 아들인 반전이 있지 않고서야 이러한 상황은 현실에서 불가능하다는 것에 쉽게 수긍할 것이다. 서점에는 '한 방에' 통과하는 보고서를 작성하는 요령이 넘쳐나지만, 단번에 설득하려는 시도는 안건이 단순한 경우 제한적으로 가능한 노림수다. 숙고와 결단이 필요한 복잡한 문제를 갑자기 들이밀고 결정을 재촉하는 요청은 스스로 설득을 방해하는 장애물을 만들고 시작하는 셈이다. 상대방이 먼저 요청하지 않은 사안은 더욱 그러하다. 왜 한 방에 설득하려는 시도는 실패가 예정되어 있을까?

설득당했다는 느낌이 들게 하지 말고 납득하게 해야 한다는 제1원칙을 기억하자. 처음 가지고 온 제안을 그대로 수용한다면 상대방 입장에서는 본인의 역할이 없어진다. 이 결정이 누군가의 주체적인 결정이 되려면 그 사람의 의견이 들어가야 하고, 그러기 위해서는 작든 크든 가지고 온 안의 변경을 요구하려 하는 경우가 대부분이다. 그 변화가 보고서의 표현 변경이나 자료 보완과 같은 사소한 것일 수도 있지만 기본적으로 뭘 바꿔야 할지 모르겠다는 생각으로 듣기 시작하는 설득은 성공하기 어렵다.

또 다른 이유는 상대방이 한 번에 처리할 수 있는 정보의 양에 한계가 있다는 점이다. 앞에서 소개된 '처리 유창성'을 떠올려보자. 상대방은 참 또는 거짓을 판단할 때 내용의 논리성과 함께 처리 유창성을 고려한다. 한 번에 소화하기 어려운 양의 정보를 쏟아내고 결정까지 하라고 요구한다면 상대는 다시 찬찬히 생각을 정리할 기회를 만들고 싶어 한다. 자연히 이런 저런 트집을 잡아 결정을 미루게 될 가능성이 크다.

어려운 설득일수록 프로세스를 고민해야 한다

다시 강조하지만 단순한 사안은 고려사항까지 정리하여 한 번에 설득하는 것이 가능하다. 하지만 복잡한 문제일수록 상대방이 편하게 관련 정보를 소화하고, 의견을 주고받을 수 있는 설득의 프로세스를 고민해야 한다. 어려운 설득일수록 논리뿐 아니라 프로세스를 처음부터 함께 고민해야 하는 이유다.

설득의 논리를 준비하는 것에 매몰되어 설득의 프로세스를 어떻게 가져갈 것인지 미리미리 고민해두지 않으면 상대방에게 끌려다니기 쉽다. 그 과정을 설계할 때에는 여러 특징을 고려해야 한다.

1. 맥락과 정보의 양이 많고 복잡할 때

중요도가 높은 의사결정일수록 복합적인 검토가 필요하다. 단순한 장단점 비교표 하나로는 쉽게 결론나지 않을 때가 많다는 뜻이다. 아무리 열심히 조사하고 분석해도 여전히 불완전한 정보와 불확실성을 안고 결단을 내려야 하는 상황이 대부분이다. 아무리 뛰어난 판단력을 가진 상대라 해도 1시간 정도의 설명 한 번으로 자신 있는 판단을 내리는 것은 어렵다. 생성형 AI를 활용한 신사업 투자 전략을 수립하려면 생성형 AI가 무엇인지에 대한 이해도부터 끌어올려야 그 다음 논의가 가능하지 않겠는가.

2. 결정에 참여하는 이해관계자 수가 늘어날 때

새로운 국가에 사업을 진출하기 위해 현지 회사의 인수 여부를 결정하는 실사 프로젝트를 생각해보자. 이 프로젝트를 최종적으로 승인하는 사람이 누구일까? 인수 규모에 따라 CEO일 수도 투자위원회, 또는 이사회의 승인이 필요할 수도 있다. 또 누가 이 의사결정에 관여하게 될까? 사업개발팀, 사업본부장, 재무팀, 법무팀, 전략팀. 심지어 전략팀도 사업본부, 기업, 그룹사 단위로 층층이 분화될 수 있다.

사안의 중요도와 난이도가 올라갈수록 의견을 구하고 설득해야 하는 관계자의 수는 늘어난다. 게다가 이 많은 사람이 비슷한 입장일 가능성은 거의 없다.

3. 직급이 높은 결정권자를 설득해야 할 때

중요도가 높은 의사결정의 최종 설득 대상은 직급이 높은 사람이다. 매일 얼굴을 맞대고 일하는 팀장과 '가끔' 만나는 고위직 임원과의 커뮤니케이션이 같을 수는 없다. 사람마다 성향이 다르지만 높은 직급이 될수록 두드러지는 경향이 있다. 바쁜 일정을 소화해야 하다 보니 불필요하게 늘어지거나 잘 정리되지 않은 내용에 대한 '인내심'이 낮다. 또 해당 주제가 그 사람이 신경 써야 하는 여러 과제 중 하나일 가능성이 높다. 때문에 이전의 논의나 배경지식을 상세히 기억하지 못할 가능성이 크다.

4. 팀으로 결과물을 만들어야 할 때

한 사람이 내용을 준비해 작성하는 보고서 작업과 팀으로 결과물을 내고 준비하는 보고서 작업 중 어느 것이 더 쉬울까? 이론적으로 따지면 한 사람이 추가되면 일이 더 쉬워져야 할 것 같지만, 실제로 일을 해보면 팀원 간 조율, 기대하는 성과물에 대한 미스커뮤니케이션, 중복 작업에서 오는 에너지 낭비가 만만치 않다.

어떻게 팀으로 성과를 잘 낼 수 있느냐는 질문은 너무 방대하지만, 설득을 준비하는 맥락으로 좁혀보면 리더가 다르게 신경 써야 하는 부분이 분명히 보일 것이다.

설득의 프로세스를 전략적으로 설계하는 노하우를 가장 정교하게 갖추고 있는 그룹은 아마도 경영컨설팅회사들일 것이다. 경영컨설팅사는 회사의 미래를 좌우할 방향성을 결정하거나, 수천, 수조 원 단위의 투자를 결정하는 과정에 참가하여 논거를 설득한다. 수개월에 걸친 정보 전달, 논리적 설득, 피드백 취합, 논의의 과정을 통해 결론에 도달하는 것이다. 이제 그들의 설득 프로세스 디자인 노하우를 알아보자.

이해관계자 지도로
설득 프로세스를 디자인하라

김 팀장은 지금 신사업 추진안을 본부장에게 보고 중이다. 슬쩍 눈치를 보니 본부장도 신사업 모델의 가능성을 긍정적으로 보는 듯하다. 이번 보고만 잘 넘기면 사장 보고로 넘어갈 수 있을 것 같다.

본부장   그런데 재무팀에서는 뭐라고 하던가요? 내년에 착수하면 예산 배정은 문제없다고 하던가요?

김 팀장   재무팀과는 아직 프로젝트 관련 이야기를 나누지 못했습니다······.

본부장   아니, 내년 현금흐름 맞추느라고 모두 신경이 곤두서 있는데, 이정도 투자가 필요한 안을 논의하면서 재무팀에 확인도 안 받으면 어떻게 합니까?

안타깝지만 이 사업안은 아무리 훌륭해도 재무담당 임원이 현금흐름 계획에 큰 지장이 없다는 확인을 해주기 전까지 논의가 진전될 수 없다. 재무담당 임원이 의사결정권을 가지고 있지는 않지만, 그의 동의가 필요한 사안이기 때문이다. 의사결정은 꽤 지연될 것이고, 담당 임원은 중요한 논의를 적시에 공유하지 않았다는 사실에 기분 나빠할 수도 있다. 김 팀장의 실수는 프로젝트를 시작할 때 이해관계자 지도를 점검하지 않은 것이다.

프로젝트 시작 전 가장 먼저 해야 할 활동 중 하나는 이해관계자 지도를 그리고 파악하는 것이다. 의사결정이 이루어지고 실행되는 데 관계되는 사람과 영향을 받는 사람(부서)은 누구인지 파악하고, 프로젝트를 진행하면서 어떤 방식으로 커뮤니케이션할 것인지 계획하기 위해서다.

새로운 고객군을 겨냥한 신제품 라인을 도입하는 프로젝트 상황을 상상해보자. 관계된 사람들(이해관계자)로는 누가 있을까? CEO, CSO(전략담당임원), CFO, A사업본부장, A사업 전략팀장, R&D 팀장, 마케팅 담당임원, 생산설비 담당 임원, 구매 담당 임원······. 이렇게 시야를 넓혀 관련된 사람을 나열해보는 것은 프로세스에서 중요한 사람을 놓치는 실수를 예방한다.

하지만 막상 이 작업을 해보면 다른 고민이 튀어나온다. 관련된 사람을 폭넓게 생각하면 리스트가 너무 길어지는 것이다. 매번 설득할 때마다 이 많은 사람을 다 초대할 수도 없고, 그렇다고 일일이 찾아다니는 것도 막막한 일이다. 어떻게 하면 중요한 사람을 놓치지 않으면서도 설득 과정의 효율성을 지킬 수 있을까.

> **이해관계자**(stakeholders)
> 특정 프로젝트 또는 활동의 결과에 직접적 또는 간접적으로 영향을 받거나 영향을 미칠 수 있는 개인 또는 조직을 의미한다. 처음에는 이해관계 또는 내기에 걸린 돈을 의미하는 stake를 보유하거나 관리하는 사람의 의미로 사용되었으나 경영학에서 에드워드 프리먼이 기업 경영과 관련된 이해자로 정의를 확장하여 사용하기 시작한 후 현재의 의미로 자리 잡게 되었다.

어떤 사람이
어떤 역할을 할 것인가

설득의 단계에서 이해관계자 지도를 만든 뒤 해야 하는 일은 중요도와 역할을 정리하는 것이다. 이 단계에는 컨설팅회사에서 의사결정 시스템 효율성을 디자인할 때 사용하는 역할 정의 모델이 유용한 도구가 될 것이다. 내가 실무에서 자주 사용했던 모델을 기준으로 설명하지만, 현재 조직 내 사용하는 도구를 사용해도 무방하다.

경영 의사결정 과정을 다루는 상황이라면 베인앤드컴퍼니에서 개발한 RAPID 모델을 추천하는데, 모델명은 각 프로세스의 머릿글자를 딴 것으로 서로 구분되는 역할을 의미한다.

R(제안Recommend)
의사결정 내용과 논거를 제시하고 프로세스를 주도하는 사람으로,

여러 정보와 의견을 취합 및 통합하는 역할을 한다.

A(동의 Agree)

기안이 타당하고 실행 가능한지 확인하는 역할이다. R은 승인을 요청하기 전에 반드시 A와 논의를 거쳐야 하고, 이견이 있는 부분은 공유하기 전에 최대한 조율·보완해야 한다.

P(수행 Performer)

결정된 사항을 실행하는 주체로 R과 겹칠 수도, 구분될 수도 있다. P는 결정사항의 맥락과 의도를 충분히 알 수 있어야 한다.

I(의견 Input)

의사결정의 질을 높이기 위해 시의적절하게 필요한 정보와 의견을 제공한다. A와 마찬가지로 R은 최종 공유 전에 논의를 거쳐야 한다. 단 이견의 여지가 있을 때 I의 의견을 꼭 반영해야 하는 것은 아니다.

D(결정 Decide)

의사결정권을 가진 사람이다. 결정 외에도 R과 함께 의사결정 프로세스에서 각자의 역할이 무엇이고, 언제까지 역할을 해야 하는지 기대 수준을 명확하게 해야 하는 책임을 가진다.

R, A, P, I, D 중 누가 무슨 역할을 가지는지 명쾌하게 정리할 수 있다면 당신은 운이 좋은 편이다. 설득의 과정이 효율적이지 않는 대표적인 경우가 최종 의사결정권자가 누구인지 불분명할 때이다. 아빠를 간신히 설득해서 사고 싶던 게임기를 샀는데, 뒤늦게 이를 안 엄마가 당장 환불하라고 화를 내는 상황을 상상해보라. 최종 결정권자가 누구인지 처음부터 잘못 파악한 것이다.

중요하고 규모가 있는 프로젝트에서도 생각보다 많은 경우 누가 어떤 역할로 의사결정 프로세스에 참여하는지 불분명한 채 일이 진행된다. 오죽하면 주요 경영 의사결정의 RAPID를 정리하고 합의하는 것이 회의의 단골 주제이겠는가.

RAPID를 정리해보면 자주 관찰되는 단골 문제들이 보인다. 때로는 D를 복수의 사람이 가지고 있거나 또는 당사자들만 그렇게 생각하고 있는 상황이 발생한다. 이런 경우 여러 사람의 의견을 통일하느라 시간을 낭비하게 된다. 시의적절한 의사결정이 중요한 조직에서는 D가 여러 사람에게 분할되는 상황은 피해야 한다.

자신의 역할은 I인데 A라고 생각하는 경우도 많다. I의 의견은 참고의 대상이다. R은 좋은 판단을 위해 I의 의견을 적극적으로 경청해야 하지만, 종합하여 제안할 입장을 정하는 것은 R의 몫이다. 반면 A의 경우 최종안 산출 전까지 의견을 적극 반영하고 설득해야 하는 대상이다. 마지막까지 의견 일치가 안 될 경우에는 R의 주장을 유지하게 되지만, D에게 A가 어떤 점에서 이견이 있는지를 함께 공유해 결정에 반영할 수 있게 한다. A는 해당 사안에 대해 중요한 정보와 입장을 가지고 있기 때문에 이런 역할을 부여하는 것이다. 때문에 초반부터 이 안건에서 A에게 기대하는 역할이 무엇인지를 D의 도움으로 공식화하는 작업이 필요하다.

A역할은 꼭 필요한 사람에게만 부여해야 한다. A가 필요 이상으로 많은 사람에게 주어지면 사공이 많아져 배가 산으로 가기 쉽다. 이때 I인지 A인지 명확하게 정하는 것만으로는 충분하지 않다. A는 I보다 더 많은 커뮤니케이션 노력이 필요하기 때문에 A가 많아지면 커뮤니케이션에 들어가는 시간과 복잡성이 급격히 증가한다.

복잡한 문제일수록 얽혀 있는 관계자들의 역할을 정리해보는 것은 나중에 발생할 문제를 미연에 방지하는 데 큰 도움이 된다.

리더의 역할은 무엇인가

프로젝트 리더는 설득 커뮤니케이션 중 비용이 증가하는 리스크가 감지되면 초반에 이를 수정하고 현명한 접근법을 설계해야 한다.

프로젝트 초반에 할 일

- 최종 의사결정을 할 D와 함께 참여자의 역할을 명확히 한다.
- 너무 많은 I와 A가 있는 경우 우선순위의 기준을 제안하고 지지를 구한다.
- I와 A를 구분 후 당사자들에게 이를 전달하고, 각자의 역할과 기여를 D가 당부하도록 요청한다.
- I와 A에게 언제, 어떤 의견 제시 및 논의를 부탁할 것인지 미리 공유하여 기대 수준을 조율한다.

프로젝트 진행 중 할 일

- I와 A의 인풋이 충분히 검토될 수 있도록 적절한 시기에 안을 공유하고 논의 일정을 잡는다.
- A와의 이견이 예상될 경우 충분한 조율 시간을 확보하도록 일정을 관리한다.
- A와의 견해차가 크거나 쉽게 좁혀지지 않을 경우, D에게 미리 공유한다.
- P에 해당하는 사람들이 과제의 맥락을 이해하고 필요 영역에 I 역할을 할 수 있게 늦지 않게 커뮤니케이션을 시작한다.

이런 노력을 통해 문제 상황을 정리하는 데 성공하면, 이제 본격적인 설득 커뮤니케이션의 흐름을 고민할 수 있는 준비가 된 것이다.

설득 로드맵에 따라 에피소드를 연결하라

전략컨설팅 프로젝트를 시작할 때 시작 미팅kick-off에 반드시 포함되는 항목이 있다.

- 프로젝트 핵심 질문 및 목적 산출물
- 프로젝트 접근 방법 및 주요 활동
- 프로젝트 작업계획
- 프로젝트 팀 구조 및 위원회, 자문단 구성, 각자의 역할
- 커뮤니케이션 로드맵

이 다섯 가지가 합쳐져 하나의 그림을 그려야 성공적으로 프로젝트를 진행할 수 있는 환경이 갖춰진다. 이 중 컨설팅사는 중요하게 생각하지만 기업이나 다른 조직에서 자주 누락되는 항

목이 '커뮤니케이션 로드맵'이다.

커뮤니케이션 로드맵이란 프로젝트 시작부터 최종 보고까지 어느 시점에 누구와 어떤 목적의 미팅을 어떤 포맷으로 진행할 것인지 일목요연하게 정리한 지도다. 커뮤니케이션 로드맵을 작성하려면 어떤 흐름으로 어떤 목적의 커뮤니케이션이 이루어져야 하는지 정리해야 한다. 주요 커뮤니케이션 지점의 어젠다를 구성해보는 것이다.

전체적인 흐름을 생각할 때 기간만을 생각하는 기계적인 접근은 별 도움이 되지 않는다. 구체적으로 어떤 순서와 속도로 정보를 공유하고, 단계별로 무엇을 목표로 할 것인지 명확히 해야 한다. 다음 네 가지 질문을 던져 보면 생각을 정리하는 데 도움이 될 것이다.

- 정보와 배경지식이 어느 수준까지 공유되어야 하는가. (공유)
- 어떤 논의의 장이 필요한가. 누구에게 어느 시점에 의견 개진의 기회를 주어야 하는가. (논의)
- 어느 단계에서 무엇에 대해, 누구의 피드백을 구해야 하는가. (피드백)
- 어떤 결정이 언제까지 이루어져야 하는가. (결정)

생성형 AI를 활용하여 고객 서비스를 전반을 업그레이드하는 프로젝트를 생각해보자. 생성형 AI가 무엇인지 정보를 '공유'하여 이해의 수준을 높이는 것이 첫 단추일 것이다. 모두가 생성형 AI의 전문가가 될 필요는 없지만, 그냥 AI와 생성형 AI는 어떻게 다른 개념이고, 머신러닝과는 무슨 관계인지와 같은 기본 이해가 있어야 생성형 AI 도입에 대한 현실적인 기대 수준을 가질 것이 아닌가.

프로젝트 중반에는 전체 고객 서비스 접점 중 어떤 영역부터 우선적으로 개선할 것인지에 대한 우선순위 '결정'이 있어야 한다. 그래야 프로젝트 후반부에는 결정된 영역에 대한 구체 서비스 모델일 검토될 수 있다.

주제에 따라 절차와 내용에 관계자가 모두 모여 논의하는 자리가 필요한 경우도 있다. 기업 문화를 개선하는 경우를 생각해보자. 이런 성격의 주제는 프로젝트 팀이 일방적으로 분석결과를 공유하는 방식으로는 효과적이지 않다. 여러 사람이 허심탄회하게 갑론을박하는 단계가 필요하다.

정보는 언제 공유해야 하는가

이렇게 어떤 성격의 커뮤니케이션이 어떤 영역에 대해 어떤 순서로 필요할지 생각해보면 구체적인 커뮤니케이션 이벤트를 정할 때 큰 그림을 놓치지 않을 수 있다. 큰 그림을 그리고 나면, 그 사이에 팀 내에서나 프로젝트를 주관하는 리더와 어떤 주기로 어떤 커뮤니케이션이 필요할지 정리하는 것이 비교적 수월해진다. 특히 어떤 주기로 리더 그룹과 접점을 가져갈 것인지를 결정할 때에는 다음 두 가지 질문을 던져보자.

- 설득의 대상이 얼마나 자주 공유받는 것을 선호하는가?
- 내 방향과 설득해야 하는 리더의 생각은 얼마나 차이가 있는가?

상대방의 성향을 고려하여 얼마나 자주, 어떻게 일이 진행되고 있는지 공유하는 것은 중요하지만 놓치기 쉽다. 사람들은 대부분 완성도가 부족하다고 생각하는 중간 단계의 내용은 다른 사람에게 보여주기 싫어하는 경향을 보이기 때문이다.

스스로 만족스러운 단계가 될 때까지 시간을 끄는 경우가 많지만 상대방의 불안을 잠재우기 위해서는 선제적으로 정보를 공유해야 한다. 어떤 사람은 주 단위로 짧게라도 업데이트를 받아야 마음이 편하고, 어떤 사람은 월 단위 공유로도 충분할 것이다. 상사가 프로젝트가 잘 진행되고 있는지 불안해하면 많은 것이 꼬이기 시작한다.

설득의 대상과 차이가 얼마나 큰지도 감안해야 한다. 일반적으로는 많은 생각의 변화를 이끌어내야 하는 상황에는 더 자주 상황을 공유하는 과정이 필요하다. 1장에서 강조하였듯이 상대방이 자연스럽게 본인의 의견이 발전한 것으로 느끼도록 하는 사람이 진정한 설득의 고수이다. 그리고 그런 과정은 시간과 빈도를 필요로 한다.

설득의 달인이라는 평가를 받는 경험이 풍부한 시니어 파트너 밑에서 프로젝트를 하면서 깨달은 교훈이 있다. "CEO가 가장 마음 편하게 결정하는 상황은 원래 생각하던 것 70퍼센트에 30퍼센트 정도의 새로운 생각과 통찰을 담은 보고를 들었을 때이다. 그래서 프로젝트를 진행시 미리 짧은 커뮤니케이션을 통해 설득 스토리라인을 부분으로 나누어 전달하고, CEO가 본인의 생각을 이야기할 기회를 만드는 것이 중요한 운영 요령이다. 최종 보고에서는 CEO가 생각하기에 이전에 생각해본 것들, 또는 본인이 언급한 포인트가 녹아들어 있는 상황을 준비하는 것이다."

어떤 형식으로 소통할 것인가

　　설득의 로드맵이 구성되면 이제 주요 미팅의 참석자와 커뮤니케이션의 포맷을 정해야 한다. 커뮤니케이션의 형식은 다양하며 서로 다른 장단점을 가진다. 모든 커뮤니케이션을 관련 팀이 다 모인 공식적인 프레젠테이션 형태로 소화하려면 시간 확보도 어려울 뿐만 아니라 자료를 준비하느라 정작 일할 시간이 부족하다. 중간 중간 캐주얼한 공유로 내용도 전달하고 자연스럽게 피드백을 구하는 요령이 필요한 이유이다. 이럴 때 다양한 커뮤니케이션 포맷을 적절하게 활용해야 한다. 비즈니스 상황에서 활용할 수 있는 포맷은 다음과 같이 다양하다.

이메일 또는 디지털 협업툴을 통한 업데이트
　　진행 상황을 주기적으로 공유하는 데 적합하다. 중요한 미팅에 앞서 해당 미팅의 맥락 또는 참여 전에 미리 생각 정리를 부탁할 주안점을 전달하는 등 다른 형식의 보조 수단으로도 활용된다.

서면 보고(보고서)

별도 미팅 없이 내용을 정리한 보고서만 전달하는 것은 정보 공유가 주목적일 때 대안이 될 수 있다. 그러나 이 경우 수신자가 보고서를 충분히 정독할 것이라는 보장이 필요하다. 수신자의 성향을 고려하지 않고, 보고서를 제출했으니 충분히 숙지했을 것이라고 가정하는 것은 너무 순진한 생각이다. 필요하다면 자료를 보내면서 하루 또는 이틀 뒤 짧은 Q&A 미팅을 하겠다고 하는 것도 자연스럽게 선택을 유도할 수 있는 방법이 된다.

캐주얼한 체크인 미팅

이 유형의 방점은 '캐주얼'에 있다. 중요한 의사결정 참여자와 정보공유, 제한된 범위에 대한 피드백 취합을 목적으로 활용하기 좋다. 이 미팅에서는 상대방의 기대 수준을 정확하게 세팅하는 것이 중요하다. 완성형의 내용을 보고한다거나 상대방의 인풋을 반영하여 더 발전적으로 진행하려 하는 자리라는 포지셔닝이 명확해야 한다. 이에 맞추어 미팅 시간도 짧게(30분 정도) 잡는다.

워크숍

한국에서는 다소 변형된 형태로 사용되는 단어 중 하나가 워크숍이다. 우리는 사무실을 떠나 팀워크를 강화하기 위한 활동에 워크숍이라는 이름을 붙인다. 그러나 여기에서 이야기하는 비즈니스 커뮤니케이션 포맷으로서의 워크숍을 이해하려면 기본 정의를 알아야 한다.

케임브리지 사전을 보면 워크숍의 첫 번째 뜻은 "기구나 도구를 활용하여 물건을 만들거나 수리하는 방 또는 건물"이다. 다시 말하면 작업실이다. 두 번째 뜻이 우리가 사용할 맥락에서의 정의로 "사람들이 특정 주제에 대해 논의하거나 실용적인 일을 수행하기 위한 미팅"이다. 가장 핵심이 되는 특징은 사람들의 상호작용과 참여를 통해 결과물이 나온다는 점이다.

일대일, 또는 일대 소수 보고미팅

설득의 상대 또는 의견을 교환해야 하는 당사자와 소규모로 이루어지는 커뮤니케이션으로, 그 자체로 결정의 자리가 되기도 하지만, 공식 보고회 사전 미팅 목적으로 활용되기도 한다. 참석자가 제한되어 충분한 시간을 가지고 대화를 주고받을 수 있는 장점이 있다. 특히 최종안 전에 가설을 테스트해보고 의견을 취합하는 용도로 유용한 형태이다.

보고회(공식)

결정권자 포함 이해관계자 다수를 초대하여 이루어지는 보고미팅이다. 주로 중간보고나 최종보고의 용도로 사용되며, 결정사항을 공식화하는 목적이 포함되기도 한다. 격식을 갖추고 여러 사람의 시간 투자를 필요로 하는 형식이어서 준비에도 더 많은 노력이 들어가며, 다루어지는 내용도 의미 있는 진척이 있도록 구성되어야 한다.

전화 통화도 훌륭한 접점이 될 수 있다. 다양한 방법을 조합해 흐름을 이어갈 수 있도록 로드맵을 디자인해보자.

포맷과 함께 신중하게 챙겨야 하는 것은 커뮤니케이션에 누구를 포함할 것인지다. 관성적으로 관련된 모두를 매번 초대하는 것은 자주 발생하는 실수이다. 본인에게 역할이 없는 회의 자리에 앉아있을 때의 기분을 떠올려보자. 역할이 없는 사람이 사소한 것을 지적해 존재감을 드러내려 할 수도 있다. 여러 사람에게 발언권이 분산되면 정작 중요한 사람의 의견을 깊이 있게 파악하지 못한다.

이 모든 것을 떠나 쓸데없는 회의가 너무 많다는 보편적인 정서는 참석자를 선별하지 않는다는 반증이기도 하다. 커뮤니케이션 사안별 대상자를 신중하게 선별하는 습관을 가져야 한다.

설득의 고수는
완벽한 보고 시점을 찾아낸다

설득의 로드맵 작성의 마지막 단계는 놓친 점은 없는지 점검하는 것이다. 이 단계에서는 세 가지 관점에서 질문을 해야 한다. 가장 중요한 인물의 입장에서 어떤 상호작용이 생기는지를 시뮬레이션해보자.

- **주기는 적정**한가? 너무 빈번하거나 시간을 너무 많이 요구한다는 생각이 들 우려는 없는가? 또는 반대로 너무 간격이 벌어져 일이 제대로 진행되는지 불안하게 만들 우려는 없는가?
- 커뮤니케이션 **로드맵과 작업계획이 잘 정렬**되어 있는가? 현실적으로 계획한 주요 커뮤니케이션 시점에 필요한 내용을 준비할 수 있도록 작업계획이 되어 있는가? 작업계획에 커뮤니케이션 준비 및 실행에 필요한 시간이 현실적으로 고려되어 있는가?

- 전체적으로 **커뮤니케이션에 필요한 노력과 프로젝트 내용을 진척시키는 데 필요한 노력의 균형**이 잘 맞는가? 혹시 커뮤니케이션을 위해 필요한 노력이 너무 많아 프로젝트의 내실을 해칠 우려는 없는가?

이 세 가지 질문에 '예스'라고 할 수 있다면 드디어 커뮤니케이션 로드맵이 준비된 것이다.

로드맵 작성이 끝나면 마치 프로젝트 전 과정이 끝난듯 느슨해지기 쉽지만, 아직 숙제가 남았다. 미팅 날짜와 시간을 잡고 해당 일정을 통지해야만 비로소 프로젝트가 완성된다. 혹자는 미팅이 필요한 시점에 임박해 미팅을 잡아도 충분해 '나중에' 챙기면 된다고 할 것이다. 계획한 대로 프로젝트 성과가 진척되지 않을 수 있으니, 굳이 서둘러 보고 시점을 고정하고 싶지 않은 마음이 대부분이다.

프로젝트의 PM으로 일할 때 한두 달 뒤의 미팅 날짜와 시간까지 구체적으로 미리 잡는 것을 기본 원칙으로 배웠다. 많은 경우 중요한 보고에 해외 전문가 참석을 고려해야 한다는 현실적인 이유 때문이기도 했다. 그러나 이런 특수한 제약이 없다 하더라도 미리 일정을 고정하는 것은 여러 이점이 있다.

첫 번째 이점은 미팅 시간을 확보하지 못해 일정이 지연되는 것을 예방한다는 것이다. 직급이 높은 임원일수록 일정은 꽤나 일찍 빡빡하게 선점된다. 게다가 여러 임원을 한자리에 모아야 하는 주요 보고인 경우 예상보다 미팅 일정을 확보하는 데 오랜 시간이 걸린다.

두 번째 이점은 프로젝트 팀이 명확한 목적을 의식을 가지고 성과의 속도를 조절하게 된다는 점이다. 융통성 없이 정해진 보고 날짜에 맞추어 야근을 밥먹듯 해야 한다는 뜻은 아니다. 하지만 명확한 일정 제시는 팀원 개개인이 최대한 효율적인 경로를 고민하고 주어진 시간을 최대한 활용할 수 있게 하는 유용한 기제이다.

마지막으로 미리 일정을 잡는다면 적당한 시점을 선점할 수 있다. 진정한 고수는 상대방이 편안한 마음으로 내용에 집중할 수 있는 시기까지 선별한다. 보고 받는 사람도 사람이다. 금요일 오후 마지막 일정으로 잡힌 회의에는 집중하기 싫고 빨리 끝나기를 바랄 수 있다. 또 내가 압박을 받는 중요한 보고를 준비해야 할 때에는 찬찬히 내용에 집중하여 경청하기 어렵다. 보고 받는 사람의 주요 미팅 루틴을 파악하고, 충분한 마음의 여유를 가질 수 있는 시간을 찾아낼 수 있다면 당신은 이미 고수다. 미팅 시점까지 준비가 어려울 것 같으면 며칠 미루게 되더라도 꼭 미리 일정을 잡아놓자.

이해관계가 복잡한
문제를 풀어야 할 때

사례 신입사원의 부서 배치를 정해야 하는 송 부장은 골치가 아프다. 올해는 작년보다 신입사원의 수가 크게 줄어 전체 인원이 열 명에 불과하다. 하지만 각 부서의 배치 요청은 오히려 늘었다. 특히 사업부 A, B, C에서만 각각 세 명씩 신입사원 배치를 요청했는데, 다 합쳐서 세 사업부에 배치할 수 있는 인원은 최대 다섯 명이 될 것 같다. 세 사업부장 모두 목소리가 큰 사람이라 한 명을 배치받은 사업부는 누구든 크게 반발할 것 같다.

그렇다고 해서 결정을 미룰 수도 없는 일이다. 얼마 전 본부장에게 웬만하면 본인이 주도적으로 결정하는 자세로 일하라는 피드백을 들었다. 게다가 본부장은 시끄러운 일이 생기는 것을 싫어해 일방적으로 발표했다가 문제가 시끄러워지면 뒷감

당이 더 걱정이다. 어렵더라도 세 사업부장의 동의를 얻은 안을 보고해야 한다.

여러 사람을 동시에 설득해야 하는데, 누구는 이득을 얻고 누구는 손해를 보는 안을 설득해야 하는 상황을 생각해보자. 앞의 사례처럼 제한된 인력 또는 예산을 논리에 따라 차등적으로 배분해야 하는 경우가 대표적이다. 어떤 경우에는 책임을 배분하는 데 있어 누가 더 많은 또는 어려운 과제를 담당할 것인지 설득해야 하는 경우도 있다. 더 나아가 전략 차원에서는 포트폴리오 전략을 논의하는 상황이 되면 이해관계는 더욱 첨예해진다. 기본적으로 포트폴리오 전략은 어떤 사업을 더 과감하게 밀어주고, 어떤 사업은 축소하거나 마른 수건 짜듯 운영할 것인지 차등적인 자원 배분 방향성을 결정하는 논의이다. 불가피하게 전략에 따라 누군가는 웃고, 누군가는 울 수밖에 없는 상황을 피할 수 없다.

기본적으로 이런 종류의 설득은 모두에게 칭찬받는 것은 구조적으로 불가능하다는 것을 인정하고 준비하는 것이 도움이 된다. 특히 결정이 신속하게 목표한 기한 내 이루어지는 것을 더 중요하게 비중을 둘 것인지, 아니면 과정에서 잡음과 저항을 최소화하는 것에 더 비중을 둘 것인지 노선을 현명하게 정하는 것이 필요하다. 많은 경우 두 가지를 다 잘하기는 쉽지 않아 이도

저도 아닌 상황이 되면 어려움은 더욱 가중된다.

복잡한 이해관계를 헤쳐나가는 데 도움이 될 수 있는 몇 가지 요령을 함께 짚어보자.

1. 역할을 정리한다

가장 먼저 공을 들여야 하는 것은 여러 이해관계자에게 이 의사결정에서 본인의 역할이 무엇인지 명확하게 하는 것이다. RAPID를 떠올려보라. 앞선 상황에서 세 사업부장은 모두 중요한 인물이지만 결정(D)은 결국 본부장의 몫이다. 사업부장들의 역할은 동의(A)에 머물러야 한다. 사업부장들에게는 의견을 충분히 경청하고 결론을 사전에 공유할 것이지만, 의견 일치가 이루어지지 않으면 그대로 투명하게 정리하여 결정을 담당하는 본부장에게 전달할 것이라는 점을 명확히 해야 한다. 이렇게 어떤 프로세스로 진행될 것인지 예고가 되면 사업부장들도 "본부장이라면 어떻게 생각할까"를 더 의식할 수밖에 없다.

이런 역할 정리는 원칙대로라면 결정권을 가지고 있는 본부장이 해주는 것이 가장 이상적이다. 하지만 본부장에게 이런 언질을 부탁하는 것이 어렵다면 이렇게 돌려 전달하는 방법도 있다. "본부장님께 ××까지는 무조건 최종 보고 드려야 하는데요, 결론이 나지 않으면 그 때까지 논의된 사항을 정리하여 보고하라고 하셨습니다."

2. 원칙에 먼저 동의를 받는다

대부분의 경우 효과적인 커뮤니케이션을 위해서는 결론부터 명쾌하게 전달하는 두괄식 화법을 선호한다. 하지만 승자와 패자가 갈리는 설득에는 결론부터 이야기하는 방식은 상황을 더 어렵게 만들 수 있다. 마음에 들지 않는 결론을 듣는 순간부터 상대방은 그 이후 풀어내는 설명의 모든 구석에서 오류를 찾아 내려 할 것이다.

상대방이 반대할 것이 예상되는 경우에는 결론을 뒤로 하고 최적의 결론을 내리기 위해 어떤 원칙으로 결정할 것인지를 설명하고 동의를 얻는 것이 도움이 된다. 앞서 소개한 상황의 경우라면, 신입사원 배치에 어떤 요소를 고려할 것인지 먼저 공유하고 피드백을 구하는 것이다.

예를 들면 매출 기준 인당 생산성, 올해 추진이 계획된 주요 과제의 수, 최근 팀원 수 증감 세 가지를 고려요소로 활용하겠다는 것을 먼저 공유하는 것이다. 물론 이 기준만 듣고도 본인 부서에 유불리를 따져 반응하는 사람도 있겠지만, 상대적으로 결론이 제시되기 전 단계에서는 논리적 적합성에 중심을 둔 대화가 더 수월하게 진행될 수 있다. 결정의 원칙에 대해 일단 동의를 하고 나면 그 다음 단계에서는 사실 관계에 기반한 설득이 비교적 쉬워진다.

3. 넥스트 보스를 끌어들인다

당신의 제안은 누군가에게는 좋은 소식이고 누군가에게는 나쁜 소식일 수 있다. 하지만 원칙적으로 당신은 모두의 입장에서 최선을 선택했을 것이다. 다시 말하면 사업부장들의 넥스트 보스인 본부장의 시선에서 안을 도출한 것이다. 당신의 설득이 매끄럽기 위해서는 이해관계자들이 넥스트 보스의 시선으로 상황을 바라보도록 유도하는 것이 필요하다. 이 부분에 성공한다면 피치못하게 양보를 해야 하는 사업부장도 대승적으로 동의할 수 있을 것이다.

사업부장들이 본부장이 원하는 방식으로 결정하도록 하려면 가장 일차원적인 방법은 미팅에 본부장을 번번이 참석하도록 하는 것이다. 하지만 그렇게 하다가는 당신이 '그것 하나 조율하지 못하고 바쁜 시간을 빼앗는 손 많이 가는 무능한 직원'이 될 리스크도 만만치 않다. 때문에 적재적소에 넥스트 보스를 끌어들이고 존재감을 강조하는 센스 있는 프로세스 디자인이 중요하다. 논의 후 회의 내용을 요약한 후속메일에 넥스트 보스를 참조로 추가하거나, 언제까지 논의 안을 넥스트 보스와 공유할 것이라는 계획을 언급하는 것만으로도 누구의 눈높이에서 결정해야 하는지 주의를 환기할 수 있다.

4. 범위를 확대한다

앞선 세 가지 요령을 공유했지만, 너무나 명확하게 승자와 패자가 갈리는 안이라면 설득이 쉽지 않다. 특히 사안이 중요할수록 대승적으로 동의해달라는 설명은 공허한 부탁이 된다. 다른 부서가 모두 두 명의 인력을 확보할 때 한 명만 배치받게 되는 부서장은 다른 사람 눈에, 특히 본인 팀원들에게, 힘없고 무능한 리더로 보일까 하는 걱정에 더 고집을 부리는 것일 수도 있다.

이럴 때 생각해볼 수 있는 방법은 다른 문제와 함께 논의해서 한쪽이 일방적으로 패자가 되는 상황을 피하는 것이다. 신입 사원 배치와 외부 인력을 활용할 수 있는 예를 들면 컨설팅 예산이나 비정규직 예산 논의를 합치거나, 비슷한 시기에 진행하는 것이다. 신입 사원을 적게 확보한 사업부는 아무래도 외부 인력 활용 예산에서 유리한 고지를 확보할 가능성이 높다. 비록 신입 사원은 원하는 만큼 배정받지 못하더라도 다른 부서보다 더 많은 비정규직 고용 예산을 확보하게 된다면 본인도 수긍하기 쉽고, 돌아가 팀원들에게 설명할 때도 스토리가 괜찮아질 것이다.

5. 기록으로 근거를 남긴다

마지막으로 껄끄러운 상황을 피하기 위한 요령으로 논의 기록의 철저한 관리를 짚어보자. 일을 하면서 논의의 과정을 잘 기록해 근거로 남기는 것은 일 잘하는 사람들의 기본기 중 하나다. 이 기본기는 이해관계가 얽힌 상황에서는 더욱 중요해진다.

원래 사람들은 의도가 없어도 본인이 한 말을 잘못 기억하기도 하고, 잊어버리기도 한다. 하물며 마음에 안 드는 사안이라면 입장이 바뀔 가능성이 더 높고, 같은 이야기를 하고도 미묘하게 다르게 기억하기 쉽다. 이런 상황을 방지하기 위해서라도 중요한 미팅이 끝난 후에는 미팅 회의록을 바로 정리해 공유하는 것이 큰 도움이 된다.

요즘은 AI가 회의를 녹음해서 요약까지 해주는 세상이다. 물론 미묘한 뉘앙스를 정확히 반영하기 위해서는 당신의 손을 거쳐야 하겠지만, 논의를 요약해 공유하고 저장하는 습관이 배어 있지 않다면 지금이라도 시작해보자.

6장

프레임을 설정하라

어떤 창을 통해
문제를 바라볼 것인가

신입사원 면접을 마치고 온 두 면접관이 있다. 한 사람에게는 "그 사람 어떤 점이 마음에 들었어?"라고 질문하고, 다른 한 사람에게는 "그 사람 어떤 점이 아쉬웠어?"라고 질문했다. 이 질문의 차이가 간절한 구직자의 성공 가능성을 다르게 만들까?

대부분의 사람은 자신이 주어진 모든 정보를 객관적으로 충분히 잘 활용하고 있다고 자부한다. 때문에 어떤 행동의 이유에 대해 질문을 받으면 이런 저런 논리로 이유를 설명한다. 하지만 우리가 행동과 결정을 하는 상황에는 너무 많은 정보가 있다. 대부분의 경우 사람들은 특정한 마음의 창을 통해 세상을 바라보며, 관련이 있어 보이는 정보에 선택적으로 주목한다.

아이를 가졌을 때 유독 임산부와 유아차가 많이 보였던 경험이 있다. 실제로 내가 임신한 시기에 그 동네의 임산부 수나 어린아이의 수가 늘었을 리 만무하다. 변한 것은 나의 관심사고 내가 어떤 시선으로 사람을 보는지였다. 이전에는 의식하지 않았던 특정 유형의 행인에게 더 시선이 가고 그들이 기억에 남았기 때문에 그 수가 갑자기 늘었다고 느끼게 된 것이다. 새로 강아지를 기르기 시작한 사람은 아마도 개와 함께 산책하는 사람이 이렇게 많다는 것에 놀라게 될 것이다. 역시 같은 이유이다. 이처럼 상황을 어떻게 바라보는지에 대한 사고의 틀을 우리는 '프레임'이라고 한다.

집에 있는 두 개의 창 중 한쪽은 강가를 향해 있고, 한쪽은 울창한 숲을 향한다고 하자. 강가의 창을 바라보는 사람은 본인이 강가에 있는 집에 있다고 생각할 것이고, 숲 쪽의 창을 바라보는 사람은 숲속에 집이 있다고 생각할 것이다. 마치 방의 창이 집 밖의 풍경을 어떤 각도로 무엇에 주목해서 바라볼 것인지 규정하는 것처럼 마음의 프레임은 정보를 수집하고 해석하는 방

> **프레임과 프레이밍 효과**
>
> 프레임frame은 개인이 주어진 정보를 인식하고 해석하는 방식에 영향을 미치는 인지적 구조 또는 관점을 의미한다. 개인의 경험과 사회적 규범 등에 의해 형성되며 정보를 해석하는 틀로 작용한다. 프레이밍 효과framing effect는 동일한 정보라도 이를 받아들이는 개인이 적용하는 프레임에 따라 판단과 선택이 달라지는 것을 말한다.

법에 큰 영향을 끼친다. 이렇게 프레임에 따라 판단과 선택이 달라지는 것을 '프레이밍 효과'라고 한다.

프레이밍은 결정에 얼마나 큰 영향을 줄까. 누군가 당신에게 치사량이 높은 질병에 걸린 600명을 위한 치료법을 설명해주었다. A라는 치료법을 도입하면 200명을 확실하게 살릴 수 있다. 치료법 B의 경우 33퍼센트의 확률로 600명 모두 생존하거나, 66퍼센트의 확률로 아무도 구하지 못한다. 당신이라면 어떤 방법을 선택하겠는가?

자 이제 또 다른 600명의 질병 문제를 직면해야 한다. 이 질병 역시 치명적인데 우리에게는 C와 D 두 가지의 치료법이 있다. 치료법 C를 적용하면 400명이 확실히 목숨을 잃는다. 치료법 D의 경우 33퍼센트의 확률로 아무도 죽지 않거나, 66퍼센트의 확률로 전원 사망할 것으로 예상된다. 당신은 어떤 치료법을 택할 것인가?

눈치챘겠지만 차분하게 설명을 읽어보면 표현만 달라졌을 뿐 두 상황은 본질적으로 동일하다. 다만 전자의 경우 긍정의 프레임으로 상황을 설명했고(얼마나 살릴 수 있을지), 후자는 부정의 프레임(얼마나 죽어야 하는지)으로 설명했다는 차이점이다. 하지만 보는 관점에 따라 치료법이 다르게 들렸을 것이다.

이 질문은 심리학자 대니얼 카너먼과 아모스 트버스키가 1981년 진행한 실험에서 피험자들에게 주어진 질문이었다.[1] 해당 실험에서 전자의 경우 72퍼센트의 피험자가 치료법 A를 선택했지만, 후자의 조건에서는 22퍼센트만이 치료법 C를 선택했다. 부정의 프레임으로 제시되었을 때 사람들은 확정적인 손실에 더 민감하게 반응한 것이다. 두 사람은 심리학과 경제학의 접목으로 행동경제학을 심화한 공을 인정받아 2002년 노벨 경제학상을 수상했다.

'프레이밍 효과'는 우리가 잘 알고 있다고 생각하는 친숙한 주제에서도 힘을 발휘한다. 내가 얼마나 내성적인지, 또는 외향적인지 1점에서 7점으로 평가하는 질문은 친숙할 것이다. 이 평가는 자신의 평소의 행동에 대한 스스로의 판단이라 많은 사람이 충분히 구체적인 의견을 가지고 있을 것이라 생각한다. 하지만 "얼마나 내향적인가?"라고 질문을 했을 때 더 내향적인 쪽으로, "얼마나 외향적인가?"라고 질문을 받으면 더 외향적으로 평가하는 경향이 있다.[2] "얼마나 외향적인가?"라는 질문을 받은 사람은 외향적인 증거를 수집하게 되기 때문이다. 이처럼 문제를 어떻게 프레이밍하느냐는 판단에 강력한 영향력을 행사할 수 있다.

같은 논리로, 정책에 대한 여론조사에서 "얼마나 잘한다고 생각하십니까?"라는 질문과 "얼마나 못한다고 생각하십니까?"라는 문구는 각각 반대 방향으로 결과에 영향을 줄 수 있다. 때문에 여론조사에서는 중립적으로 "얼마나 잘한다 또는 못한다고 생각하십니까?"라는 표현을 쓰는 것이 정석이다. 혹시 여론 조사에 응할 때 유난히 한 방향으로 '얼마나 잘하고 있다고 생각하십니까?' 또는 "얼마나 문제가 많다고 생각하십니까?"와 같이 질문한다면 의도가 있는 것은 아닌지 의심해도 좋다.

이제 처음의 면접관에게 돌아가보자. 장점에 대해 질문을 받은 지원자는 합격 확률이 높아진다. 이 질문은 그 사람의 좋았던 점을 되짚어보는 긍정의 프레임을 면접관에게 제공하기 때문이다. 관계를 확장하는 것이 목적이라면 사람들의 장점을 찾아보는 긍정의 프레임이 중요한 이유이다. 설득에 있어서도 어떤 프레임을 제시하는지에 따라 상대방이 어떤 정보에 집중하고 어떤 판단 기준을 더 중요하게 생각하는지 결정적인 영향을 줄 수 있다. 설득에 성공하기 위해서는 신중하게 어떻게 상황을 프레이밍할 것인지 고민해야 한다.

손실 프레임과 이익 프레임의 효과적인 접근법

중요한 경영진 보고의 스토리라인을 검토할 때 경험이 풍부한 선배들이 자주 하는 질문이 있다. "이 결정을 해야 하는 '버닝 플랫폼(불타는 플랫폼)'을 뭐라고 설명해야 할까?"

'버닝 플랫폼'이란 말은 170명에 가까운 사망자가 발생한 1988년 영국 북해유전 시추선 화재사건에서 유래했다. 불타는 플랫폼에서 구조를 기다리던 사람 대부분이 사망했지만, 30미터 아래 차가운 북해 바다로 뛰어드는 결단을 한 사람 중 일부는 살아남을 수 있었다. 이후 비즈니스 커뮤니케이션에서 버닝 플랫폼은 회사와 조직이 과감한 변화를 추구해야 하는 절박한 이유를 강조하는 용어로 쓰이게 되었다.

2011년 노키아의 휴대전화 사업을 인수한 마이크로소프트의 리더 스티븐 엘롭은 전 직원에게 다음과 같은 메일을 보냈다.

> **버닝 플랫폼**(burning platform)
> 기존의 상태를 유지하면 심각한 결과를 초래하여 조직이나 개인이 과감한 변화를 선택해야 하는 상황을 의미하는 강력한 비유다. 북해의 석유 시추 플랫폼 폭파사고에서 유래하여 경영전략과 변화관리에 빈번하게 사용되고 있다.

"우리 역시 불타는 플랫폼 위에 서 있습니다. 지금 우리는 어떻게 행동을 바꿀 것인지 결정해야 합니다." 이렇게 당장 결정하지 않으면 어떤 손실이 발생할 것인지를 생생하게 강조하는 손실 프레임으로 상황을 규정하는 것은 자주 활용되는 방법이다.

결정을 촉구하기 위해 손실의 프레임을 적용하는 것이 유일한 방법은 아니다. 반대로 이 결정을 통해 어떤 빛나는 미래를 기대할 수 있는지를 강조하는 '이득의 프레임'도 중요한 대안이 될 수 있다. 결정을 통해서 얻게 될 미래의 좋은 결과를 강조하는 접근법은 광고에 자주 활용된다. 진통제 광고는 약을 먹은 사람이 얼마나 편안하고 활기차게 생활할 수 있는지 보여준다. 고급 승용차 광고는 이 차를 사면 얼마나 승차감이 편하고 또 '하차감(내릴 때 부러워하는 사람들의 시선)'을 느낄 수 있는지를 보여준다.

비즈니스 설득에서도 마찬가지이다. 제안한 결정과 시도가 어떤 기대효과를 줄 수 있는지 설득력 있는 수치로 설명하기도

하고 생생한 이후 모습에 대한 묘사를 고객의 목소리를 빌려 전달하기도 한다.

그렇다면 버닝 플랫폼을 강조하는 프레임과 빛나는 미래를 강조하는 프레임 중 어떤 접근법이 설득에 더 효과적일까? 프레임 효과와 관련해 잘 알려진 편향으로는 손실혐오 성향이 있다. 서울대학교 심리학과 최인철 교수는 프레임의 영향에 대해 깊이 있게 다룬 저서 《프레임》에서 다음의 예시로 손실혐오 성향을 설명했다.

1) 현금으로 구입하시면 1,000원 할인 혜택을 드립니다.
2) 신용카드로 구입하시면 1,000원의 추가 요금이 부가됩니다.

어떻게 설명했을 때 현금으로 결제할 확률이 늘어날까? 두 설명은 결국 동일한 결과를 설명하고 있다. 하지만 어쩐지 2)번을 설명을 들었을 때 더 현금으로 결제해야 할 것 같지 않은가? 실제로 2)번 방법으로 설명할 때 현금 결제 비중이 늘어난다고 한다. 왜 이런 차이가 발생할까?

대니얼 카너먼과 아모스 트버스키의 연구에 따르면 사람들에게는 손실혐오 성향이 공통적으로 작용한다. 손실은 이득보다 2.5배까지 더 큰 영향을 가진 것으로 느껴지는 것이다. 설득에 적용해보면 "이 투자를 진행하면 1000만 원을 벌 수 있습니다."보다 "1000만 원을 벌 수 있는 기회를 날리는 셈입니다."라고 하는 것이 더 충격이 있다는 말이다. 앞선 예에서도 동일한 1,000원이지만 손실로 인식될 때 더 큰 가치로 다가오기 때문에 2번 방식의 문장이 더 많은 행동 변화를 이끌어낼 것이다.

이런 손실혐오 성향을 생각한다면 결정과 행동에 큰 동력이 필요한 경우라면 버닝 플랫폼으로 상황을 프레이밍하는 것이 큰 효과를 발휘할 것이다.

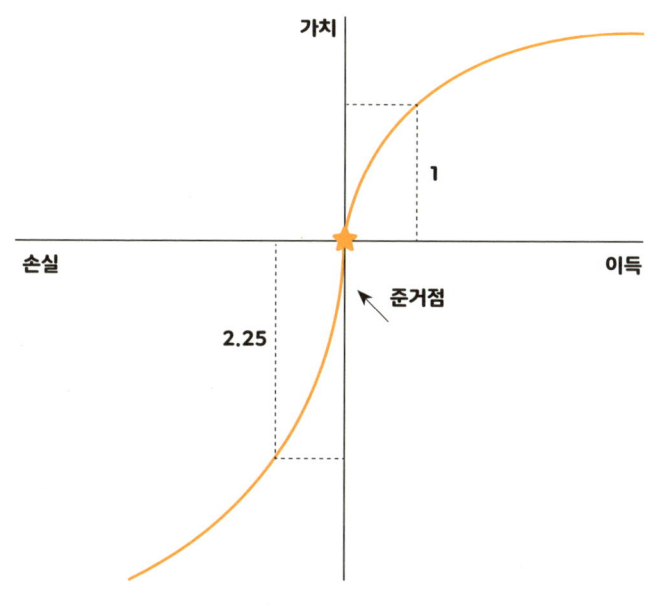

손실의 프레이밍 그래프

프레임을 설정하라

손실의 프레이밍으로 설득할 때에는 주의 사항이 있다. 문제만 강조하는 것이 아니라 구체적인 해결 방안을 함께 제시할 준비가 되어 있어야 한다는 것이다. '무엇이 잘못될 것인가'에 집중한 부정적인 대화는 누구나 불쾌한 회피하고 싶은 경험이다. 문제만 크게 떠들고 어떻게 해야 할지 논의할 대비가 되어 있지 않으면 대책 없이 문제만 부풀린다는 역풍을 맞을 수 있다. 버닝 플랫폼 프레이밍을 활용할 때에는 짧고 선명하게 전달하고 대응방안으로 넘어가야 한다.

그러나 버닝 플랫폼은 결정을 유도하는 것에는 유리하지만 해결안을 정교하게 검토해야 하는 상황에는 큰 도움이 되지 않는다. 변화가 필요하다는 것에 대한 공감대가 형성되어 있는 상황이라면 어떤 이득을 얻을 수 있는지 긍정적 효과를 중심으로 상황을 프레이밍하는 것이 더 효과적이다. 긍정적인 이득에 초점이 맞춰지면 그곳에 도달하기 위한 방안에 상대방을 참여시

손실혐오(loss aversion)
사람들이 손실의 경우 그 정도를 더 크게 인식하고 회피하는 인지적 편향을 말한다. 즉 만 원을 얻는 기쁨보다 만 원을 잃는 상실을 더 크게 느끼고 더 많이 반응한다는 것이다. 이러한 경향은 비합리적인 선택의 원인이 되기도 한다. 예를 들어 손해를 확정하기 싫어 손실이 발생한 주식을 오랫동안 팔지 않기도 한다. 손실혐오 편향은 매몰비용의 오류와도 깊게 관련된다.

키는 것이 더 용이하다. 보다 다양하고 과감한 방안에 대한 검토가 가능해지는 것이다.

물론 버닝 플랫폼 프레임으로 설득을 시작해 주의를 끌고, 빛나는 미래 프레임으로 설득을 마무리하는 하이브리드 접근법도 가능하다. 현 상황에서 적합한 프레임이 무엇인지 신중하게 선택하는 것을 잊지 말자.

최선의 선택은
목적에 따라 달라진다

아시아 지역에서 이루어진 인수후통합PMI 프로그램 프로젝트를 리뷰할 때의 일이다. 전통을 가진 대기업이 해외에 있는 소프트웨어 기술에 특장점을 가진 소형 회사를 인수한 상황이었다. 이 통합 프로그램의 접근법에 어떤 특징이 있느냐는 나의 질문에 해외 오피스 파트너는 인상적인 이야기를 들려주었다.

"통합작업을 설계하면서 확인해보니 인수기업은 상당히 많은 프리미엄을 고려하고 기업을 인수해 리더들은 사업성과를 빠르게 증명하기 위해 서두르는 상황이었습니다. 하지만 이 프리미엄은 피인수기업의 핵심 인력이 가지고 있는 기술력을 보고 책정한 것이었습니다. 핵심 인재들이 떠나면 껍데기만 남는 상황인 것이죠. 우리는 통합 과정의 목적과 성공의 정의부터 논의해야 했습니다.

물론 빠르게 사업 성과를 내는 것은 중요하지만, 그 대가가 핵심 인재들의 동기부여를 꺾는 것이라면 오히려 악수인 것이지요. 그래서 프로그램의 주목적과 성공의 정의에 사람들의 의견을 모으는 것이 어려웠습니다. 이에 따라 얼마나 빨리, 얼마나 많은 영역을 통합해야 하는지 판단 기준이 달라져야 하니까요."

이처럼 목적이 달라지면 성공의 정의도 달라진다. 목적은 판단의 프레임을 결정하는 중요한 전제이기 때문이다. 하지만 꽤 빈번하게 목적 정의 단계가 안일하게 다루어지는 것을 목격한다. 때로는 자료와 분석에 매몰되어 궁극적으로 어떤 목적을 위해 이 사안을 고민하고 있었는지 잊어버리는 경우도 종종 보게 된다. 어떤 경우에는 목적이 무엇인지 물어보면 그저 '최선의 선택'이라고 안일하게 넘어가기도 한다.

그러나 무엇이 '최선'인지는 무엇이 목적인지에 따라 달라진다. 졸린 기분에서 벗어나고 에너지를 끌어올리기 위해 찾는 음료와 느긋하게 한적함을 즐기기 위한 목적으로 찾는 음료가 같을 수 없다. 누군가가 나와 동일한 기준으로 결정을 하기를 바란다면 궁극적인 목적인 무엇인지에 대한 합의를 신중하게 먼저 만들어야 한다.

프레임을 설정하라

핵심 기술이 초기 단계로 안정화되지 않은 친환경 신사업 진출 여부를 설득하는 팀장이 되었다고 생각해보자. 진출 가부를 결정하기 위해 고려해야 하는 요소는 매우 다양하다. 이 중 어떤 요소를 우선시해서 결정할 것이냐는 이 신규 사업을 통해 무엇을 추구할 것이냐에 따라 결정된다. 이 사업이 일반적인 '더 많은 돈을 벌고, 성장성을 확보하기 위한 기회'라는 목적이 강조된 경우와 '회사가 추구하는 ESG 경영원칙에 따른 포트폴리오 전환의 첫 행보'로서의 의미가 강조된 상황을 비교해보자.

전자와 같이 일반적으로 신규 사업의 타당성을 평가할 때 고려하는 중요한 요소에는 기대되는 재무적 성과와 기존 사업과의 시너지가 있다. 특히 재무적 성과를 볼 때에는 기대되는 매출 및 이익 규모와 함께, 투자의 수익성을 평가하는 내부수익률IRR을 주요 지표로 고려한다. 그러나 아마도 초기 단계 기술이 적용되는 사업모델인 경우 내부수익률 계산 과정에 논란의 여지가 많은 여러 가정이 필요할 것이고, 기존의 검증된 사업 모델 대비 매력적인 내부수익률이 평가될 가능성이 낮다.

하지만 후자, 즉 ESG 전략에 따른 첫 행보로 적합한 선택인지 관점으로 보게 되면, 내부수익률 못지않게 중요한 요소가 더해진다. 이 사업에 참여함으로써 어떤 역량을 축적할 수 있을지, 또 향후 해당 영역에서 사업을 확장할 때 어떤 유리한 거점을 제공하는지, 또 해당 움직임을 투자자들이 어떻게 평가하여 결과적으로 회사 전체 가치평가에 어떤 영향을 줄 것인지 등이 중요한 고려요소로 부각된다. 이 경우에는 비록 내부수익률이 절대적 기준에 다소 미치지 못하더라도 긍정적 기회로 평가될 가능성이 높아진다.

이처럼 무엇을 궁극적 목표로 정의하느냐는 상황을 바라보는 프레임과 긴밀하게 연결되어 있다. 나의 설득에 적합한 목표 정의를 고민해보고 이를 명확하게 전달하는 데 공을 들여야 하는 이유이다.

매몰비용의 오류에
빠지지 않으려면

　나는 유난히 불편한 구두를 참지 못하는 편이다. 구두가 불편했던 날은 저녁이 되면 발뿐만 아니라 어깨까지 단단히 뭉쳐 꽤나 신중하게 구두를 고르는 편이다. 한 번은 디자인에 끌려 꽤나 비싼 구두를 샀는데, 정작 신고 다니다보니 매장에서의 느낌과 다르게 너무나 불편했다. 이미 사용했기 때문에 환불도 불가한 상황이다. 당신이라면 어떻게 할 것 같은가?
　구둣값은 이미 지불이 완료되었고, 구두를 신고 나갈 때마다 하루를 망칠 정도로 불편함이 생기는 상황이다. 합리적인 판단력을 적용하면 당연히 구두를 포기해야 한다. 그러나 그 이후로도 한참 동안 그 구두는 신발장에서 자리를 차지하고 있었고, 나는 (결국 너무 힘들어 포기할 때까지) 몇 번 더 그 구두를 신고 외출했다. 혹시 오늘은 덜 불편할지도 모른다는 (그럴 리가 있는가?) 헛된 희망을 품고 말이다.

구둣값 같이 이미 지불되어 회수할 수 없는 확정된 비용을 경제학에서는 '매몰비용sunken cost'이라고 한다. 매몰비용은 앞으로의 나의 결정과 무관하게 확정된 것이므로 의사결정에 반영해서는 안 된다. 논리적인 사람이라면 현 시점을 기준으로 앞으로 기대되는 이익과 이를 위해 추가로 발생하는 비용을 비교하여 결정해야 하는 것이다. 앞선 경우는 그 구두를 신고 외출했을 때 나의 불편이 비용이 되지만 이와 관련해서 돌아오는 이득이 없는 명백한 상황이다. 그럼에도 불구하고 나는 왜 꾸역꾸역 이 구두를 포기하지 못했을까?

이처럼 매몰비용에 집착하여 잘못된 판단을 하는 것을 '매몰비용의 오류'라고 한다. 이런 경제학·심리학적 논의가 있기 전에도 직관적으로 이를 지적한 '본전 생각'이라는 일맥상통하

> **매몰비용의 오류**(sunken cost bias)
> 이미 투입된 시간, 돈, 노력이 아까워 비합리적인 결정을 내리는 경향을 말한다. 합리적인 선택을 위해서는 현재 시간을 기준으로 미래의 비용과 이익을 고려해야 한다. 하지만 많은 경우 회수할 수 없는 확정된 비용 또는 손실을 의사결정에 반영하게 된다. 재미없는 영화를 중간에 멈추지 못하고 끝까지 보는 것이다. 매몰비용은 손실혐오와 본인의 판단 잘못을 인정하지 않으려는 마음 등이 복합적으로 작용한 결과이다.

는 표현이 있을 정도로 매몰비용 오류는 일상적이고 보편적으로 관찰되는 오류이다.

매몰비용의 오류는 복잡한 분석과 전문가가 동원된 결정에서도 영향력을 발휘한다. 영국과 프랑스 정부가 공동으로 초음속 콩코드 항공기를 개발할 때였다. 프로젝트는 난항을 겪었고, 어느 시점에 이르러서는 더 이상 경제적으로 해당 프로젝트가 합당하지 않음이 자명해졌다. 그러나 어느 정부도 이 프로젝트를 중단하지 못하고 계속 의미 없는 투자를 지속했다. 이미 지출된 엄청난 규모의 매몰비용을 객관적으로 바라보지 못했기 때문이다. 덕분에 매몰비용 오류를 콩코드 오류Concorde fallacy라고 부르기도 한다.[3] 비즈니스 세계에서도 마찬가지다. 매몰비용이 높을수록 투자를 중단하거나 방향성을 바꾸도록 설득하는 것이 어렵다.

매몰비용의 오류는 왜 발생하는가

첫 번째 이유는 손실 확정을 피하고 싶은 마음이다. 지금 기준 앞으로 벌어질 일을 냉정하게 판단하여 '손절'하겠다고 결정하면 매몰비용은 손실이 된다. 반면 꾸역꾸역 일을 계속 진행해서 혹시라도 운이 따라 어떻게든 전체 손실 폭을 줄이면 매몰비용은 전체 비용 속에 묻혀 들어갈 수 있을 것이다. 이 혹시나 하는 마음이 미래에 기대 수익을 긍정적으로 부풀리는 쪽으로 시선을 왜곡하게 한다.

또 다른 인간적인 이유는 '틀렸음을 인정하기 싫은' 마음이다. 손절하겠다는 결정은 애초에 세웠던 계획이 잘못된 판단이었음을 인정해야 하는 과정이다. 틀렸다는 것을 인정하는 것은 괴롭고 자존심 상하는 일이니 그 마음은 백번 이해가 간다. 하지만 빨리 인정하는 것이 나중에 더 큰 판단착오를 인정해야 하는 상황을 막아줄 수 있다는 것을 잊어서는 안 된다.

이런 이유들 때문에 '매몰비용'을 객관적으로 바라보고 '손절하도록' 설득하는 것은 매우 어렵다. 어떻게 프레임을 설정하면 도움이 될까? 가장 도움이 되는 것은 지금을 중립적인 출발선으로 재정의하여 가능한 선택지 중 최선을 선택하는 결정으로 프레이밍하는 것이다.

새로운 제품을 만들기 위한 재료비로 1000만 원을 지불했고, 추가로 1000만 원의 제조원가가 더 투입되어야 하는 상황이라고 가정해보자. 새로운 (하지만 정확한) 정보에 따르면 이 제품을 다 팔아도 기대할 수 있는 매출이 1000만 원에 불과할 것이라는 전망이다. 이 나쁜 소식을 어떻게 전해야 할까? 그냥 전체 프로그램을 통틀어 1000만 원의 손실이 예상된다고 못 박고 논의를 시작하면 어떻게 이 손실을 최소화할 것인가 또는 매출을 늘릴 방법은 없느냐 (더 나아가 전망이 틀리지 않았는가) 하는 각도로 논의가 집중된다. 누가 이 제품을 기획했느냐는 담당자 질책도 중요한 비중을 차지할 것이다.

현시점을 출발선으로 무엇을 선택할지 고민하면 다른 논의가 가능하다. 이 팀은 지금부터 1000만 원을 추가 지출해 팀의 수고를 더하여 1000만 원의 매출을 확보하고 최종적으로 1000만 원 손실을 보는 프로젝트를 완료할 수 있다. 또는 선 구매한 재료를 약 800만 원에 재판매하여 200만 원으로 손실을 확정하고, 대신 다른 프로젝트에 팀의 자원을 투입할 수도 있다. 물론 방향을 크게 조정하여 다른 수익성을 기대할 수 있는 방법이 있다면 세 번째 선택지로 추가될 것이다.

두 번째 프레임에서는 사람들이 프로젝트 중단이라는 안건에 대한 감정적 거부가 통제되고 새로운 시각으로 상황을 바라보는 것이 용이하다. 눈에 띄는 점은 무언가를 중단해야 하는 이유를 평가하는 프레임에서 벗어나 현재 기준 성과를 최대화하는 (손실을 최소화하는) 솔루션을 논의하는 자리가 되도록 하는 것이 중요하다는 점이다. 이전에 추진하던 무엇인가를 하지 말아야 할 이유를 평가할 때에는 어쩔 수 없이 과거의 판단에서 무엇이 잘못되었는지에 대한 논의가 집중될 수밖에 없다. 시작부터 관련된 사람들에게는 방어기제가 강력하게 발동되기 쉽다. 상황에 대해서는 명확하지만 간단하게 짚고, 앞으로 결과를 바꿀 수 있는 솔루션의 일환으로 중단 또는 방향 선회를 평가하는 것이 과도한 감정 개입을 막는 데 도움이 된다.

나쁜 소식을
전할 때

사례   새로운 브랜드의 홍보 이벤트를 진행 중인 마케팅팀 이 과장은 중간 점검 회의를 앞두고 초조하다. 무려 세 달에 걸쳐 주요 지역을 돌며 이벤트가 진행되고 있는 데, 부산에서 진행한 이벤트가 예상보다 호응이 매우 낮았기 때문이다. 온라인 홍보와 현장 홍보 모두 문제가 있어서 신속하게 수정안을 결정하고, 이후 어떻게 수정·반영할 것인지 결정이 필요하다.

여러 사람이 얽혀 있다 보니 관련한 사람 대부분 불똥이 튀지 않을까 우려하는 분위기다. 기대에 미치지 못하는 결과를 두고 팀장도 불편한 감정을 드러낼 것이 뻔했다. 빠른 대응이 꼭 필요한 상황이라 미팅을 미룰 수도 없다. 대체 어떻게 미팅을 이끌어야 할지 시작하기 전부터 머리가 아프다.

나쁜 소식을 전해야 하는 커뮤니케이션은 어렵다. 나쁜 소식에 대응할 방안을 설득해야 하지만, 당장 가라앉은 분위기에 긴장이 되고 가슴이 뛴다. 사람들의 시선은 누가 책임져야 할까 희생양을 찾는 것 같다.

일을 하다 보면 누구나 나쁜 소식을 전해야 하는 상황에 마주친다. 목표를 달성하지 못했거나 비용을 초과해서 예산을 다시 요청해야 하는 경우, 오래 공을 들인 신규 거래처에 거절당하는 경우도 있다. 시장에 대한 예상이 틀려 계획을 전면 수정해야 하는 일도 생긴다. 어차피 피할 수 없는 자리라면, 타격을 최소화하면서 대안을 제시해 설득할 수 있는 방법을 고민해보자.

프레임을 빠르게 전환하라

나쁜 소식을 전할 때 최악의 시나리오는 대응책에 대해서는 제대로 설명하지 못하고, 왜 이런 일이 발생했는지, 누구의 잘못인지 따지는 일에 대화가 매몰되는 것이다. 발표자가 일정 부분 책임에 얽혀 있는 경우라면 상황은 더욱 어려워진다. 이때 가장 필요한 것은 프레임을 빠르게 전환하여 사람들의 생각을 '왜 이렇게 되었을까'에서 '앞으로 어떻게 할 것인지'에 집중하게 만드는 것이다. 프레임을 전환하기 위한 세 가지 요령이 있다.

1. 목적 강조

미팅 또는 보고의 목적이 대응 방안을 정하기 위한 자리임을 명확하게 한다. 미팅의 제목도 '이벤트 기획 수정안 논의'로 정하고 미팅을 시작하는 것이다.

> 오늘 미팅은 기대에 미치지 못한 이벤트 참여도를 끌어올리기 위해 남은 이벤트를 어떻게 수정하여 진행할지 논의하기 위한 자리입니다. 간략히 현상을 분석하고 대부분의 시간을 수정안 논의에 집중하도록 하겠습니다.

2. 어젠다 분리

미팅 또는 보고서의 어젠다를 원인분석과 대응 계획으로 명확히 구분하고, 원인분석 부분을 (명료하지만) 신속하게 마무리하는 것이다.

> 이렇게 원인에 대한 이야기를 마무리하고 지금부터는 대응 방안 논의로 넘어가겠습니다.

명확하게 이야기하면 청자들의 관심을 문제해결 프레임으로 이동시킬 수 있다. 문제 원인을 짧게 짚고 넘어가라고 했지만, 대응조치 설득을 위해서는 정확한 원인 규명이 필수적이고 복잡한 설명이 필요한 상황이라면 어떻게 해야 할까? 이런 경우에는 원인에 대해 분석하는 자리와 대응책을 논의하는 자리의 참석자를 분리하는 방법을 시도해볼 수 있다. 일이 잘못된 이유를 논의하는 자리는 가능하면 직접적으로 관련된 소수의 사람 중심으로 운영하는 것이 효과적이다.

3. 개선 효과 중심의 서술

　제안하는 조치의 효과를 표현할 때 손실보다는 개선의 폭에 무게를 두어 전달하는 것도 도움이 된다.

> "현재대로 가면 입장객 수는 목표 대비 50퍼센트 미달될 것입니다. 홍보 방식을 바꾸면 입장객이 증가해 최종 미달 폭이 40퍼센트로 축소될 수 있습니다." (×)
>
> "홍보 방식을 바꾸면 남은 회차에서는 지금 방식보다 40퍼센트 정도 입장객이 증가하는 효과를 기대할 수 있습니다. (O)."

손실 중심으로 이어지는 이야기를 들으면 지금 해결해야 하는 문제가 크다는 염려와 부담감에서 빠져나오기 어렵다. 냉정한 상황 파악도 중요하지만 해결 방안에 집중하기 위해서는 어떤 긍정적 효과를 기대할 수 있는지를 중심으로 서술하는 것이 도움이 된다.

감정적 반응을 최소화하라

이 과장이 초조해하는 이유 중 하나는 팀장의 감정적 반응이다. 우리는 종종 상대방이 감정을 다스리지 못해 대화가 원활하게 진행되지 못하는 상황에 처하게 된다. 성숙한 인격의 리더라면 일이 꼬인 상황일수록 감정을 배제하고, 최선의 방안 논의에 집중해야 한다. 담당자가 문제에 매몰돼 시야가 좁아지면 다독이면서 상황을 냉정하게 바라볼 수 있게 이끄는 것이 리더의 역할이다. 하지만 성숙하고 경험이 많아도 화를 내지 않는 것이 쉽지는 않다. 더하여 모든 리더가 성숙한 사람일 거라는 보장도 없다.

상대방이 짜증을 내거나 책임자를 다그치는 등 감정적으로 반응할 것이 예상되는 상황이라면 어떤 방법을 취할 수 있을까? 여기 몇 가지 아이디어가 있다. 다만 상황과 사람이 다양하다 보니 이 중 무엇이 효과를 발휘할지는 현명한 상황 판단력에 의지할 수밖에 없다. 부디 이 중 당신에게 도움이 되는 방법이 있기를.

1. 자료를 미리 공유해서 1차적으로 감정을 삭히는 과정을 거친 뒤 미팅에 참석하도록 유도한다. 이때 미팅에서는 부정적 상황에 대한 대응방안을 준비하고 있다는 것을 명시해야 한다. 대책 없이 문제만 전달받는 것은 상대방을 더 초초하게 만든다.
2. 이런 문제에 대한 대응방안을 준비하고 있다는 사실을 상대방의 보스도 알고 있게 한다. 이렇게 되는 시점부터 대응방안을 제대로 준비해야 할 책임이 상대방에게도 공유된다. 이 숙제가 본인의 숙제라고 생각하게 되면 해결 중심으로 에너지가 사용될 확률이 높아진다.
3. 기한을 짧게 잡는다. 대응방안을 만들어 실행해야 하는 기한이 빠듯하면 짜증내고 책임을 질책하느라 쓸 시간과 에너지가 없다는 사실을 상기하게 될 것이다.
4. 일대일 미팅을 먼저 해서 '감정을 발산할 기회'를 제공한다. 돌려 표현하기는 했지만, 피할 수 없다면 먼저 싫은 이야기 듣고 시작하는 방법이다. 단 이 자리를 일대일 또는 매우 제한된 소수로 만들어 당신에게 가는 타격감을 줄여보자.
5. 대응방안 방향성에 대해 최대한 빠르게 가이드를 받아낸다. 대응방안이 상대방의 아이디어가 아니라 자신의 아이디어를 정교화하는 단계로 넘어가면 보다 생산적으로 논의에 집중할 가능성이 높다.

하지만 때로는 나쁜 소식 자체가 중대하고, 상대방이 성숙한 사람이 아니라 여전히 어려운 커뮤니케이션을 해야 하는 상황이 존재한다. 무엇보다 중요한 원칙은 평정심을 유지하고, 방어적이 되기보다 문제해결 모드를 유지하는 것이다.

나쁜 소식일수록 빠르게 공유한다

이와 관련해서 꼭 강조하고 싶은 원칙은 '나쁜 소식'일수록 충분히 일찍 공유해야 한다는 점이다. 많은 경우 나쁜 소식을 전달하는 것을 피하고 싶어해 미루려고 한다. 그렇게 하면 문제가 더 곪게 되고, 개입하여 고칠 수 있는 시간이 더 짧아질 수 있다. 기다린다고 없어지는 문제가 아니라면, 빨리 공유하는 것이 더 좋은 선택일 경우가 대부분이다.

문제가 공유되면 그 문제를 풀어야 하는 책임도 공유된다. 잘 알고 있는 논리이지만 여전히 적시 커뮤니케이션이 어려운 이유는 심리적 두려움이다. 이를 극복하기 위한 강단을 기르는 것이 숙제로 남는다.

마지막으로 가장 중요한 숙제가 남아 있다. 내가 아니라 나의 동료 또는 후배가 나쁜 소식을 전해야 하는 경우이다. 이때 나와의 관계, 팀 분위기가 얼마나 심리적으로 안정감을 제공하는지에 따라 더 빠르게, 그리고 솔직하게 공유하는 정도가 달라질 것이다. 내가 설득의 대상이 되었을 때 심리적 안전함을 느끼게 해주는 동료와 선배가 되는 것이 우리 모두가 가져야 할 숙제가 아닐까.

불확실성을 감수하고
결정하도록 설득할 때

> **사례**
>
> 원 과장은 3개월 뒤에 있을 전 직원 야유회를 준비하고 있다. 해마다 있는 행사이지만 모두가 기다리는 의미 있는 자리라 정성을 들여 준비할 가치가 있다고 생각한다. 가장 까다로운 것은 장소이다. 다년 간 이벤트를 관리해 온 경험에 비추어보면 장소만 잘 섭외해도 모두가 즐길 수 있는 조건의 반은 충족된 셈이다. 이번에도 돗자리만 깔고 앉아도 기분이 좋아질 만한 멋진 장소를 알아 두었다.
>
> 문제는 사장님이 작년 행사 때 갑자기 소나기가 내려 행사가 엉망진창이 된 것을 생생하기 기억하고 있어서 실내체육관 같은 곳을 선호하고 계신다는 것이다. 아름다운 5월에 칙칙한 실내체육관이라니……. 하지만 3개월 뒤 날씨를 어떻게 장담할 수 있겠는가. 이번에는 무조건 날씨가 좋을 것이라고 장담

한다고 설득될 일도 아니고, 또 장담할 근거를 찾는 것도 어려운 문제이다. 하지만 이번에 발굴한 장소는 정말 최고의 장소라 포기하고 싶지 않다. 어떻게 해야 날씨의 불확실성을 감수해보자고 설득할 수 있을까?

때로는 불확실성을 감수하는 결정을 설득해야 할 때가 있다. 일상도 비즈니스도 모든 것이 확실해진 뒤 결정하고 움직이면 늦기 마련이다. 우리는 최대한 리스크는 낮추고 기대성과는 높이는 선택을 찾아보려 노력하지만, 대부분의 경우 하이리스크/하이리턴-로우리스크/로우리턴이라는 고리 안에서 조금이라도 유리한 포지션을 찾기 위한 노력일 뿐이다. 불확실성을 아예 없애는 제안을 할 수는 없다.

유전을 개발하는 산업의 경우 시추해보아야 최종적으로 자원의 유무와 규모를 확인할 수 있다. 문제는 한 번 시추할 때 마다 어마어마한 비용이 발생하는데, 경제성 있는 자원이 매장되어 있을 가능성은 최대 20퍼센트 수준이라는 것이다. 말 그대로 불확실성을 안고 있는 결정을 설득해야 한다. 대부분의 비즈니스 결정은 어느 정도 불확실성을 감수하고 결론을 내린다. 불확실한 부분이 하나도 없다고 주장하는 보고라면 오히려 중요한 것을 놓치고 있는 것은 아닌지, 불확실성을 과소평가하고 있는 것은 아닌지 의심해보아야 한다.

그렇다고 해서 불확실성이 해소될 때까지 설득을 미룰 수도 결정을 미룰 수도 없는 일이다. 비즈니스 세계에서는 100퍼센트 완벽하지만 느린 결정보다는 80퍼센트 완성도라도 적시에 내리는 결정이 훨씬 더 가치가 있다는 이야기를 자주 한다. 특히 현재처럼 빠르게 달라지는 환경에서는 시의적절한 시점에 이루어지는 의사결정은 결정적인 경쟁력이 된다. 또 불확실성이 완전히 해소된 시점에서는 기대할 수 있는 프리미엄도 줄어들어 있는 경우가 대부분이다. 그렇다면 해소할 수 없는 중대한 불확실성이 남아 있는 결정을 설득할 때에는 어떻게 접근해야 할까.

문제의 성격을 명확히 한다

기대 수준을 관리하는 것은 중요한 첫 단추이다. 도저히 분석으로 풀 수 없는 불확실성이 포함된 설득이라면 처음부터 이 결정에는 예측하기 어려운 불확실성이 개입되어 있고, 그 불확실성에 대한 대응방안에 대한 논의가 있을 것이라는 점을 강조하고 시작한다. 날씨, 지정학적 불확실성, 경쟁사의 프로모션 정책을 왜 지금 정확하게 예측하지 못하냐고 책망할 리더는 없다. 만약 당신의 리더가 그런 무리한 요구를 한다면 진지하게 탈출

방안을 고민하는 편이 나을지도 모르겠다.

정확한 분석으로 승부를 볼 문제가 아니라 불확실성에 대한 긴밀할 대응이 중요한 문제라는 프레임에 동의가 이루어지면, 60퍼센트에서 62퍼센트로 정확도를 올리기 위한 불필요한 에너지 소모와 논쟁을 피할 수 있다. 대신 이 불확실성을 어떻게 활용하고 관리할 것인지로 논의를 옮길 수 있다.

노력을 공유하라

피할 수 없는 불확실성은 인정하고 시작하는 것이 필요하지만 그렇다고 해서 "앞으로 어떻게 될지 어떻게 알겠어요?"식의 안일한 자세를 환영하는 사람은 아무도 없다. 불확실성을 최소화하기 위해 어떤 고민과 작업이 이루어졌는지를 함께 설명해야 비로소 "아 이런 노력을 했으면 이제 남겨진 불확실성은 감안해서 생각을 정해야 하는 구나."라는 납득이 가능해진다.

예시로 든 상황에서도 그냥 날씨는 모를 일이라고 넘어가버리는 것과 "작년에 날씨 운이 안 좋았던 것을 고려하여 행사 시점을 2주 앞당겼습니다. 지난 5년간 날씨를 보면 새로 잡은 주간에 비가 올 확률은 작년 행사 날짜가 포함된 주간 대비 20퍼센트 낮습니다. 물론 이런 과거의 패턴이 올해 날씨를 보장하는 것은 아니지만, 확률상으로는 좀 더 유리한 시점입니다."라고 말하는 것을 비교해보자.

플랜B를 준비한다

불확실성이 높을 때에는 시나리오에 따른 계획을 종합적으로 세우는 것이 효과적일 수 있다. 시나리오 플래닝은 급변하는 사업환경의 불확실성에 대응하기 위해 적용되는 전략 수립 기법이다. 거창한 개념을 끌어들이지 않더라도 상황별로 어떻게 하겠다는 계획이 잘 정리되면 불확실성에 대한 불편함이 많이 다스려지고, 무조건적으로 리스크 회피하려는 경향을 줄일 수 있다.

앞선 상황에서는 만일 전일 기준 비 예보가 확인되면, 차선으로 실내 장소로 옮겨 행사를 진행할 수 있도록 추가 예약을 해두는 것이 플랜B에 해당한다. 물론 이 경우 두 군데를 예약하기 때문에 비용이 추가로 발생할 수 있지만 이런 구체적인 플랜B는 예측이 빗나갔을 경우 받게 되는 영향이 감당 가능한 수준인지, 또는 불확실성을 없애기 위한 비용이 얼마인지 구체적으로 평가할 수 있게 도와준다. 막연하게 예상이 틀리면 어떻게 하지라고 걱정의 영역으로 남겨두면, 그 영향력이 오히려 과대평가될 경우가 많다.

재검토 지점을 설정하기

불확실성 때문에 결정을 망설이고 미루는 상황이라면 플랜 B와 함께 의사결정을 재검토하는 단계를 추가하는 것도 설득에 도움이 될 수 있다. 많은 경우 시간이 지남에 따라 불확실성이 감소하고 더 정확한 판단을 할 수 있는 정보가 추가된다. 특정 날짜의 날씨를 3개월 전에는 도저히 예측할 방법이 없지만, 2주 전에는 보다 개선된 근거를 가지고 예측해 볼 수 있는 것처럼 말이다.

지금은 도입 가능성이 반반으로 평가되는 정책 변화도 시간이 지나면서 논의의 경과를 추적하면 좀 더 자신감을 가지고 예상할 수 있다. 소비자들의 소비 심리가 어떨 것인지도 내년에 대해 전망하는 것 보다 다음달에 대한 전망이 더 정확도가 높다. 이런 특징을 고려하여 우선 현재의 방향성을 결정하여 필요한 작업을 진행한다. 그리고 좀 더 정확한 판단을 할 수 있는 일정 시기가 되면 이 결정이 여전히 최적의 결정인지 점검해보는 공식적인 지점을 미리 정하는 방식으로 제안하는 것이다.

이렇게 하면 명확하게 필요에 따라 '손절'하고 '수습'할 수 있는 시점이 잡힌다. 결정하는 사람 입장에서는 지금 결정이 잘못되어도 재검토 시점까지 감당한 비용만 타격을 입는 것이다. 때문에 체감되는 불확실성이 작게 느껴지는 효과가 있다.

많은 경우 불확실한 요소가 어느 쪽으로 확인되더라도 필요하고 도움이 되는 후회 없는 활동이 존재한다. 중간 점검 전에는 주로 후회 없는 활동을 하는 것으로 계획을 설명하면 설득은 더 수월해질 것이다.

미루기의 비용을 드러낸다

불확실성 때문에 설득이 어려운 경우 가장 흔한 상대방의 입장은 "확실해질 때까지 기다려보자."이다. 흔히 하기 쉬운 착각은 아무것도 하지 않고 기다리면 일단 손해는 보지 않는다는 생각이다. 그러나 많은 경우 늦어진 결정은 실행의 속도를 늦추게 되고 그 뒤에는 큰 비용이 숨겨져 있다. 결정을 미루는 것 역시 결정이라는 것을 드러내고 그 영향을 다른 옵션들과 비교하는 것은 결정자의 마음을 움직이는 데 매우 효과적이다.

예를 들어 결정을 미루는 것이 우려되는 상황이라면 다음과 같이 선택지를 구성하는 것이다.

- **옵션 1.** 야외 피크닉장 예약
- **옵션 2.** 실내 체육관 예약
- **옵션 3.** 다음 달에 정하기

각 옵션의 장단점을 비교할 때 옵션 3의 단점, 즉 그때 가서는 두 가지 선택지 모두 예약이 어려워질 수 있고, 비용도 증가할 수 있다는 설명을 명확하게 할 수 있는 판이 만들어지는 것이다.

7장

설득에 유리한 환경을 만들어라

설득의 성공 확률을 높이는 인지편향

　당신은 논리적이며 객관적으로 따져보고 최선의 안을 선택하는 사람인가? 아마도 대부분의 사람은 자신이 그렇다고 생각하거나, 또 그렇게 되고 싶을 것이다. 물론 "아유, 피곤하게 어떻게 항상 그래요? 때로는 기분에 따라가기도 하고 손해도 보는 것이지."라고 생각할 수도 있다. 하지만 그런 사람도 중요한 결정에서는 최대한 논리적으로 꼼꼼하게 따져보고 최선이 무엇인지 알아내기 위해 집중할 것이다.

　우리는 지금까지 사람의 판단이 얼마나 쉽게 수많은 인지편향에 휘둘리는지 살펴보았다. 나와 닮은 구석이 있다는 이유만으로 더 많은 호감을 가지고, 손실에 대해 과도하게 반응하며, 또 반복해서 본 내용이라는 이유로 더 진실일 것이라고 판단하기도 한다. 이런 편향은 축적된 수많은 경험에 기반해 우리의 뇌

세포 구조 안에 입력되어 있다. 정보 처리에 들어가는 수고를 줄이기 위해 만들어진 자동화된 판단의 지름길Heuristic은 오늘도 여러 차례 당신의 판단에 개입하면서 일상에 깊숙한 영향을 발휘했을 것이다.

> **인지편향**(cognitive bias)
> 사람들이 정보를 처리하고 판단할 때 비합리적인 일정 경향성을 보이며 오류를 범하는 것을 말한다. 1972년 아모스 트버스키와 대니얼 카너먼이 이 개념을 정의한 후 다양한 인지편향 유형이 활발히 연구되었다. 대표적인 것으로 확증편향, 고정편향, 손실혐오 편향 등이 있다.

이런 인지편향은 설득과 협상 능력을 높이고 싶은 사람들, 또는 반대로 편향에 휘둘려 호구가 되는 것을 두려워하는 사람들에게 항상 흥미로운 주제였다. 때문에 커뮤니케이션에 대한 많은 책은 여러 인지편향을 소개하며 나의 설득과 협상에 유리하게 적용할 수 있는 요령을 설명한다. 설득에 대한 고전이라 불릴만한 로버트 치알디니의《설득의 심리학》은 설득 상황에서 작용하는 심리적 기제를 일곱 가지 원칙으로 소개한다. 나 역시 책을 쓰면서 이 책을 여러 차례 다시 읽어보았다.

그렇다면 당신이 읽고 있는 이 책은 기존 설득에 관한 심리학 책과 무엇이 다를까? 기존의 책들이 어떻게 인지편향을 적극 활용하여 유리한 상황을 만들 것인가를 주로 다루었다면, 이 책은 설득의 논리를 상대방에게 더 정확하고 쉽게 전달하는 방법에 무게를 두고 내용을 구성하였다. 1장부터 6장까지 언급된 여러 가지 인지편향이 있지만 이 또한 상대방이 설득의 논리를 더 잘 소화하는 환경을 만들기 위한 방편으로 소개하였다.

그렇다면 설득에 임하는 사람은 탄탄한 논리와 명확한 전달에 집중해야 할까? 아니면 상대방의 심리를 잘 활용하여 상대의 의사결정에 영향력을 행사하는 기술에 집중해야 할까? 우리는 직관적으로 답을 알고 있다. 상황에 따라 다르다! 판단 결과가 중요할수록, 다시 말하면 걸린 것이 크고 많을수록 정보와 논리를 정확하게 프로세싱할 수 있게 전달하는 것이 중요하다. 장난감을 가지겠다고 떼를 쓰는 아이를 달랠 때, 물건 값을 흥정할 때, 작은 호의를 요청할 때 인지편향과 심리학적 기제들은 꽤나 유용하게 써먹을 수 있는 지혜다.

회사 경영진을 상대로 어떤 신사업에 투자를 해야 하는지, 타깃 기업에 대한 인수 금액으로 얼마를 제시해야 하는지를 설득해야 하는 상황이라면 이런 요령 중심의 접근은 힘을 쓰지 못한다. 상대방이 정신을 바짝 차리고 본질적인 내용에 집중하고 있을 가능성이 높기 때문이다. 경영진은 신사업의 필요성을 주장하는 전략 팀장에 대해 개인적인 호감을 기반으로 투자 여부를 결정하지는 않는다. 또 내 전 재산을 걸고 대출까지 잔뜩 동원해서 부동산을 매입하는 상황이 되면, 사람들은 주변에 휘둘리지 않고 최대한 객관적으로 정보를 처리하려고 노력한다. 물론 늘 성공하는 것은 아니지만.

언제 어떤 요소가 더 설득에 중요한지를 설명해주는 이론으로 리처드 페티와 존 카시오포가 정립한 정교화 가능성 모델이 있다.[1] 정교화 가능성 모델에서는 사람이 정보를 처리하는 방법을 중심경로와 주변경로로 구분한다. 상황에 따라 입력된 정보는 중심경로 또는 주변경로를 타고 처리되게 되는데, 중심경로를 통해 처리할 때에는 설득 주장과 연결된 이득과 근거로 제시된 정보를 주의 깊게 평가하고 논리적으로 통합한다. 반면 같은 사람이라 하더라도 주변경로로 정보를 처리할 때에는 자극과 연결된 긍정 또는 부정의 연상, 주장과 연결된 이득에 대한 간단한 추정에 의존해 단순하게 결정하게 된다. 상대방의 신뢰도나 호감, 얼마나 설명이 유창한지와 같은 내용의 본질과 무관한 요소에 영향을 더욱 많이 받게 되는 것이다.

정교화 가능성 모델에 따르면 사람에 따라 접근방법을 바꾸는 것이 아니라 상황에 따라 접근법을 바꿔야 한다. 중요도가 높아 이 결정을 잘 처리하려는 동기가 높아질수록, 차근차근 따져볼 수 있는 인지적 여력이 많을수록, 또 방해요인이 적어 정보를 처리할 수 있는 능력이 높을수록 정보는 중심경로로 처리된다. 중요한 결정일수록 중심경로를 통한 처리에 대비하고, 또 그렇

> **정교화 가능성 모델**(Elaboration Likelihood Model, ELM)
> 사람들이 상황에 따라 정보를 처리하는 방식이 달라진다는 이론으로 정보를 처리하는 방식을 중심경로와 주변경로 두 가지로 나눈다. 중심경로는 논리적 근거와 사고를 기반으로 정보를 처리하는 경로로 동기가 높고 주의를 집중할 수 있는 인지적 여력이 있을 때 활성화된다. 주변경로는 단순한 단서, 연상되는 생각, 본질과 무관한 인지편향에 더 영향을 받는 경로로 메시지에 관심이 없거나 충분한 주의를 기울이지 못할 때 활용된다. 동일한 사람이라 해도 상황에 따라 다른 방식으로 정보를 처리할 수 있다.

게 처리할 수 있는 환경을 제공하도록 배려해야 하는 이유이다.

중심경로를 통해 이루어진 설득은 더 오래 지속되고, 반대 주장이 들어와도 잘 유지된다. 보고가 끝나고 며칠 뒤 상관이 불러 "다시 생각해보니 생각이 바뀌었네. 재검토해주게."라고 하는 상황을 피하고 싶다면, 생각의 과정이 중심경로를 잘 타는 것이 필요하다.

물론 설득을 위해서는 모든 것을 동원해야 한다. 이해하기 쉽게 탄탄한 논리를 준비했다면 설득의 성공 확률을 높일 수 있는 인지편향과 심리적 경향성도 적극 활용하지 않을 이유가 없다. 7장에서는 설득 성공 확률을 마지막까지 올려줄 최적의 무대(환경)를 조성하는 방법에 대해 이야기해보고자 한다.

메시지에 후광을 더하는
메신저 효과

　12년 전 나는 싱가포르 지사 회의실에서 머리를 싸매고 있었다. 프로젝트 최종 발표 전날로 보고서 준비는 완료된 상태였다. 이제 프레젠테이션 발표자를 정해야 하는데 그날은 유독 결정이 힘들었다. 결론은 어려운 메시지를 담고 있었고, 보고를 받는 고객사의 동아시아 지역 CEO는 어려운 질문으로 보고자를 곤란하게 만드는 것으로 유명했다.

　발표자로 고려할 수 있는 후보는 나를 포함한 세 명이었다. 당시 나의 영어 실력은 팀과 일을 하기에는 큰 문제가 없었지만, CEO 대상 프레젠테이션의 발표자가 되기에는 어눌한 인상을 주는 수준이었다. 무엇보다 영어로 발표할 때 부담을 느껴 위축되고 순발력이 떨어져 어떻게든 피하고 싶었다. 다른 후보는 완벽에 가까운 프레젠테이션 능력을 가진 동료였는데 고객사

CEO와 같은 지역 출신이었다. 왜인지 모르겠지만 이 CEO는 일반적인 경향과 다르게 같은 지역 출신에게 더 엄격한 것으로 유명했다. 우리는 이런 저런 논의 끝에 짧은 보고이지만 전반부 시장 트렌드와 해외 사례 분석 부분을 내가 소개하고, 다른 동료가 후반부 사업성과의 시사점을 전달하기로 결정했다.

CEO 보고를 밥 먹듯이 하는 전략컨설턴트들이 왜 이렇게 신중하게 발표자를 고민했을까? 사람들은 메시지를 평가할 때 전달하는 메신저에게도 영향을 받는다. 특히 메시지가 전달자의 의견이나 주장일 때에는 그 영향이 더욱 커진다. 이를 '메신저 효과'라고 한다. 우리는 종종 상대방의 주장에 합당한 반박이 어려울 때 메신저의 도덕성이나 능력을 공격하여 주장을 무력화하려는 시도를 보게 된다. 이 또한 메신저 효과의 중요성을 알고 있기 때문이다.

메시지에 후광을 더하고 설득을 쉽게 만들기 위해 어떤 메신

> **메신저 효과**(messenger effect)
> 같은 메시지라도 전달하는 사람에 따라 메시지의 수용도, 설득되는 정도가 달라지는 현상을 의미한다. 메신저가 신뢰할 수 있고 매력적이며 메시지와 관련된 권위가 있다고 인식될 때 메시지에 대한 수용도가 올라간다. 동일한 건강 정보라 하더라도 의사가 말하면 더 신뢰받거나 상품을 설명할 때 호감도가 높은 모델을 활용하는 것 등이 대표적인 사례다.

저가 필요할까? 메신저가 설득에 도움이 되는 방법에는 두 가지가 있다. 호감을 얻거나 권위를 얻는 것이다.

호감 얻기

사람들은 내가 좋은 느낌을 가지고 있는 사람이 하는 요청에 더 쉽게 예스라고 대답한다. 호감이 충분히 강하면 본인에게 손해가 가는 경우에도 예스라고 할 수 있을 정도로 호감의 힘은 강력하다. 그래서 어느 문화권이든 평상시 주변 사람들에게 잘해서 '호감도'의 점수를 차곡차곡 적립해두라는 조언은 보편적으로 공유된다.

문제는 이전에 별다른 만남이 없었던 새로운 인연을 상대로 짧은 시간에 호감을 얻어야 할 때이다. 가장 흔하게 생각해볼 수 있는 상황으로 친구(또는 애인)가 되고 싶은 사람에게 접근하는 관계 초기를 생각해보라. 비즈니스 설득을 위해 처음 함께 작업하는 사람이나 고객사를 설득하는 상황도 좋다. 미래의 연인이나 고객에게 호감을 얻게 해주는 요인은 다르지 않다.

유사성

우리는 비슷한 사람에게 끌린다. 출신 지역, 학교와 같은 배경의 공유가 호감 형성을 돕는 다는 것은 익히 잘 알려진 사실이다. 유사성의 위력은 외모, 복장(취향), 공통의 경험까지 광범위하게 적용된다. 그러니 상대방의 마음을 얻고 싶다면 열심히 공통점을 발견하여 알려주자

빈도

"자꾸 보면 정이 든다."라는 말은 여러 연구에서 과학적으로 증명되었다. 자주 눈에 띄기의 힘은 관계 형성 초기에 특히 영향력을 발휘한다. 물론 이 노출이 긍정적이면 더 효과적이겠지만, 중립적인 단순 노출도 도움이 된다.[2] 로맨틱 영화에 자주 등장하는 우연한 만남을 유도하는 상황을 연출하는 작전이 효과가 있는 것이다.

연상작용

함께 제시된 사람 또는 물건의 느낌은 서로 영향을 끼친다. 기분 좋은 상황에서 보았던 사람을 다시 보았을 때에는 그때의 즐거운 기분이 연상되어 호감이 느껴지고 반대의 경우에는 호감이 감소하는 것이다. 소개팅을 할 때 분위기와 서비스가 좋은 식당을 정성스럽게 고르는 것은 분명 도움이 되는 전략이다. 내 마음대로 장소를 정하지 못하는 경우에는 칭찬이라는 효과적인 도구가 있다. 만날 때마다 나에게 기분 좋은 (진정성 있는) 칭찬을 해주는 사람과는 자연스럽게 그 칭찬받을 때의 즐거운 기분이 연상되어 호감도가 올라간다.

신체적 매력

외모는 호감 형성에 얼마나 도움이 될까? 우리는 외모의 효과에 복잡한 태도를 가지고 있다. 외모가 매력적인 사람에게 더 호감이 생기는 것을 부정하지 않지만, 외모로 호불호를 평가하는 것은 부당하다고 생각한다. 때문에 사람들에게 상대방의 외모가 호감과 평가에 영향을 주었느냐고 물으면 대부분의 사람은 고려 대상이 아니었다고 답한다.

많은 연구에서 매력적인 외모는 면접, 영업, 심지어 선거 상황에서도 호감 증가 요인으로 힘을 발휘했다. 그러나 외모에 의한 호감 효과는 여러 요인 중 하나로 절대적 요인은 아니다. 나만의 매력적인 인상을 만들기 위해 노력하는 동시에, 외모에 필요 이상으로 연연하지 않는 것이 좋다.

권위 부여하기

심리학과에 입학해 심리학개론을 수강할 때였다. 이 수업은 다양한 심리학 영역에 대해 간략한 역사, 핵심 개념과 기념비적인 실험을 짚어보는 과정이었다. 29년 전 일임에도 불구하고 나의 세계관을 뒤흔들 정도로 충격적이었던 연구를 다루던 수업 시간은 지금도 꽤나 선명하게 기억난다. 그중 하나가 1960년대 이루어진 스탠리 밀그램의 '권위에의 복종'에 대한 실험이다.[3] 이 실험은 당대 지식인들에게 큰 충격을 주었고 이후 다양한 형태로 재검증되었다.

예일대학교 심리학과 스탠리 밀그램 교수는 사람들이 도덕적인 기준을 얼마나 잘 유지하는지 연구하기 위해 신문 광고를 통해 참가자를 모집했다. 참가자는 '처벌과 학습 효과의 관계' 연구에 참여하는 것으로 알고 있었고, 무작위로 교사 또는 학생의 역할을 받았다. 실험실에는 실험관이 있었고 학생은 단순한 단어 쌍을 암기한 뒤 교사가 내는 문제를 맞추는 과제를 받았다. 학생이 틀리면 교사는 앞에 놓인 버튼을 눌러 학생에게 전기 충격을 주는 지시를 받았다. 전기 충격은 처음에는 따끔하는 수준에서 시작하지만, 오답이 누적될수록 강도는 15볼트씩 올라가게 되는 규칙이었다.

여기서 교사 역할만 모르는 사실이 있었다. 이 실험에서 학생과 실험관은 연기자였고, 실제 전기 자극은 주어지지 않았다. 하지만 학생 역할의 연기자는 일부러 계속 오답을 이야기해서 전기 자극 수준은 계속 올라갔다. 창문 너머에서는 전기 자극에 괴로워 몸을 비틀며 제발 실험을 멈춰달라고 애원한다. 교사 역할을 받은 (진짜) 실험 참가자는 어떻게 반응했을까? 한 발 떨어져서 보면 누가 보더라도 이 상황은 비윤리적이다. 교사와 학생 모두 가볍게 소소한 용돈벌이를 할 요량으로 이 실험에 참가한 것이다. 대체 누가 무슨 권리로 이 가여운 학생 역할에게 고통스러운 전기 자극을 줄 수 있단 말인가?

비도덕적인 상황을 종료하기 위해 교사가 해야 할 일은 실험관에게 네 번 싫다고 말하는 것이었다(물론 당사자는 모르고 있다.). 학생 역할 연기자가 고통을 표현하면 대부분 우려를 표시한다. 이때 실험관은 사전 대본대로 "전기 자극이 고통스럽지만 신체적 손상은 없어요. 그러니 계속하세요"라고 대답한다. 교사 역할 피험자가 나는 이런 실험을 계속하기 싫다고 말하면 실험관은 차례대로 다음 대본에 따른 대답을 한다.

1. 계속하세요.
2. 실험을 진행하려면 계속하셔야 합니다.
3. 계속하는 것이 절대적으로 중요합니다.
4. 선택의 여지가 없어요. 지시대로 해야 합니다.

마지막 4단계 지시에도 "나는 싫어요."라고 말하면 이 불쌍한(역할의) 학생을 구조할 수 있는 것이다.

스탠리 밀그램과 동료들은 처음에는 대부분의 사람들이 실험을 중단할 것으로 예상했다. 그러나 충격적이게도 3분의 2 정도가 울부짖는 학생 참가자의 고통을 외면하고 마지막 '위험함'이라고 표시된 450볼트 버튼까지 누르고 실험을 종료했다. 대체 무슨 일이 벌어진 것일까.

이 실험은 사람이 얼마나 권위에 취약한 존재인지를 보여주며 사회에 큰 충격을 안겼다. 평범한 사람들이 보인 권위에 대한 취약성은 나치 독일에서 왜 수많은 평범한 독일 시민들이 파시즘과 홀로코스트 범죄를 묵인했는지와 연결되어 큰 화두를 던지기도 했다. 후일담으로 이 실험은 참가자들에게 과도한 정신적 스트레스를 주었다는 연구 윤리 비판을 강하게 받았고, 실험 절차의 일관성에 대한 비판을 받기도 했다. 그러나 이후 권위의 위력에 대해 이루어진 다양한 연구들은 인간의 취약성을 일관되게 증명하고 있다.

이제 본론으로 들어와 설득을 할 때 권위에 도움을 받는 방법을 생각해보자. 가장 일차원적인 권위의 원천은 직급 또는 공인된 직함(전문 자격증)이다. 질병과 관련하여 의사의 말은 강력한 권위를 가진다. 그러나 이런 요소는 설득을 위해 급조할 수 있는 것이 아니다. 설득을 위해 활용할 수 있는 권위에 집중해보자.

권위 빌려오기

심리학과 경영학을 공부한 전략컨설턴트가 신약에 사용될 신물질의 장점을 설명한다면 주목도가 낮을 것이다. 하지만 해당 분야의 노벨상 수상자를 만나 신물질이 가진 장점을 확인받았다는 이야기로 발표를 시작한다면 어떨까? 아마 보고를 받는 모두가 귀를 기울일 것이다. 이처럼 사람들이 인정하는 전문가 또는 기관이 인증한 내용임을 전달해 권위를 빌려오는 방법은 효과적이다.

전문지식과 경험

해당 주제에 충분한 전문지식 또는 관련 경험이 있음을 강조하는 것도 권위를 얻는 좋은 방법이다. 이 방법은 컨설팅회사도 자주 활용하는 방법이다. 컨설팅회사의 소개에서 유사한 주제의 프로젝트를 XXX회 수행했다는 페이지를 꼭 끼워 넣는 이유도 바로 이런 효과를 기대한 것이다.

대변하기

제품과 서비스의 품질에 대해 실제 사용하는 고객만큼 정확한 판단을 할 수 있는 사람도 없다. 어떤 사회적 문제가 있을 때 그 문제점을 가장 잘 전달할 수 있는 사람은 그로 인해 고통받는 피해자일 것이다. 이렇게 가장 정확한 판단을 할 수 있는 직접적인 관련자의 목소리를 생생하게 전달하는 것은 발표자에게 권위를 부여한다. 비즈니스 발표에서 고객의 목소리를 생생하게 녹화해 보여주는 기법은 대변을 통해 권위를 얻어오기 위함이다.

설득이 쉬워지는
시간은 언제일까

 설득이 더 쉬워지는 시간이 존재할까? 한 번쯤 가져볼 만한 호기심이다. 실제로 이 궁금증은 몇몇 연구자의 관심을 끌었고, 다양한 방식으로 검증을 시도했다. 내용에 기반한 설득을 하기에는 오전이 오후보다 더 유리하다는 내용이 중론인 듯하다. 한 실험에서는 피험자들에게 본인의 신념과 반대되는 입장의 주장을 읽게 했을 때 아침 8시 반에 읽은 경우가 오후 7시에 읽은 경우보다 더 많은 태도 변화가 이루어졌다고 한다.[4]

 또 다른 연구에서는 이런 아침효과가 연령에 따라 어떻게 작용하는지에 주목했다. 2007년 캐럴린 윤 연구팀은 특히 60세 이상의 연장자 집단에서는 오전에 복잡하고 논거의 타당함에 기반한 설득이 더 잘 이루어졌고, 오후에는 처리 용이성이나 사진의 연관성과 같은 부차적인 요소가 더 영향력을 발휘했다는 연구를 발표했다.[5] 이 연구 결과만 보면 나이 지긋한 리더를 설득할 때에는 특히 오전시간을 노려야 할 것만 같다.

하지만 어려운 논리적 설득이 중요한 보고라고 해서 아침에 회의를 잡는 것을 고집할 필요는 없다. 오전에 논리적 설득이 더 잘 이루어지는 이유를 생각해보자. 연구자들은 오전에 마음의 여유와 복잡한 정보를 처리할 수 있는 에너지와 집중력이 상대적으로 많기 때문에 오전에 설득이 더 잘 되는 현상이 보이는 것으로 설명한다.

그렇다. 시간이 중요한 것이 아니라 마음의 여유와 집중력이 중요한 것이다. 잦은 업무와 관련된 늦은 식사, 술자리가 있어 아침에 정신이 맑지 못한 사람이 청자라면 오히려 이른 오후가 더 유리한 순간일 수 있다. 같은 원리를 적용해 상대방이 마음의 여유를 가지기 어려운 타이밍은 피해야 한다.

대표적으로 중요한 미팅 바로 전이나 퇴근 직전에 (심지어 퇴근 시간 이후) 이루어지는 대화에서 상대방이 경청하고 집중할 것을 기대하기는 어렵다. 나에게 유리한 미팅시간을 깐깐하게 찾는 것은 어렵지만, 피해야 할 시간이 언제인지 따져보면 한 발짝 더 유리한 지점을 찾을 수 있을 것이다. 단, 여기서 한 번 더 생각해볼 포인트는 상대방이 충분한 시간과 주의력을 가진 시간에 설득하는 것이 무조건 나에게 유리하냐는 점이다.

앞서 소개한 연장자 집단을 대상으로 한 캐럴린 윤의 연구에 빨리 팀원들의 피드백을 전달해 줬으면 좋겠다고 투덜거리는 후배를 보면서 속으로 조용히 한숨을 쉬었다. 그는 최근 몇 차례 제출해야 하는 보고서의 마감을 지키지 못해서 팀 운영에 차질을 주었다. 팀장이 이 부분을 유심히 지켜보고 있었고, 선배인 김 차장에게 제대로 주의를 주라는 이야기를 한 터이다. "지금 네가 팀장님에게 피드백을 주느냐 마느냐 이야기할 때가 아니야……"라는 생각을 하던 찰나, 지금 누군가는 나에게 피드백을 줄 것이 있는 데 눈치를 보느라 망설이고 있을 수도 있겠다는 생각이 들었다.

"직장 내 커뮤니케이션에서 어떤 부분이 어려우신가요?"라고 질문하면 예외 없이 나오는 이야기는 상대방의 행동 중 고쳐야 할 부분에 대한 피드백이다. 상대가 상사이든 동료이든 후배이든 어렵기는 매한가지다. 상대방이 이 메시지를 진심으로 수용할 것인지도 불안하고, 감정적으로 다치게 되는 것은 아닐까 두렵기까지 하다. 특히 팀원의 역량 턴어라운드처럼 상대방이 변화하는 것이 나에게도 절실한 과제일 때에는 그 어떤 설득보다 막막하게 느껴지는 것이 피드백 커뮤니케이션이다.

그래서인지 세상에는 어떻게 해야 피드백을 잘 전달하는지에 대한 조언이 넘친다. 여기에서는 상대방의 잘못에 대한 피드백을 메시지 설득 커뮤니케이션 관점에서 바라보면서 몇 가지 화두를 공유하고자 한다. 하지만 이야기를 나누기 전에 아무리 설득 커뮤니케이션의 원칙을 현란하게 적용한다고 해도 모든 것은 두 사람 사이에 신뢰 관계에 따라 그 효과가 좌우된다는 점을 강조하고 싶다. 피드백을 전달하는 사람이 나를 위하여 피드백을 전달하는 것이라는 신뢰가 없다면 아무리 맞는 이야기를 한들 반발심만 생긴다. 피드백이 정확하고 구체적이어야 한다는 것도 중요한 전제 조건이다.

피드백을 '요청'받아라

설득의 원칙으로 가장 먼저 강조한 것이 '설득당한다'고 느껴지는 상황을 피해야 한다는 것이었다. 내가 먼저 들이미는 피드백이 제대로 수용되기 어려운 이유는 이 첫 단추부터 어긋나 있기 때문이다. 누군가 나에게 잘못이 있다고 말하면서 대화를 시작하면 방어기제가 작동된다. 대부분의 즉각적인 반응은 그것이 사실이 아니라는 부정 또는 그럴만한 이유가 있었다는 변명일 것이다. 최소한의 방어기제 없이 무조건적으로 지적을 수용하는 사람이 있다면 오히려 가스라이팅 당하고 있는 것이 아닐까 걱정될 정도로 어느 정도 수준의 자기 방어, 자기 합리화는 인간의 건강한 반응이다.

때문에 효과적인 피드백 대화는 그 대상의 요청에서 시작되어야 한다. 옆구리 찔러 인사를 받는 식이어도 좋다. 예를 들어 회의 중 종종 감정적이 되어 팀 분위기에 부정적인 영향을 끼치는 팀장이 있다고 가정해보자. 이 팀장에게 피드백을 전달할 기회를 만들려면 어떻게 해야 할까? 당신이 넘어야 하는 첫 번째 관문은 팀장 입장에서 "자네가 보기에는 내가 말하는 스타일에 어떤 것을 고쳐야 할 것 같은가?"라는 질문을 받아내는 것이다.

이러한 요청을 유도하는 방법은 상황마다 다를 것이고 종종 창의성이 필요할 것이다. 예를 들어 "얼마 전 다른 회사 다니는 친구 이야기를 들어보니 상사 스타일이 너무 강압적이라는 내용이 공론화되어 크게 문제가 되는 일이 잦아진 것 같더라고요. 직원들이 기대하는 수준이 계속 바뀌는 것 같아요. 저는 어떤가 고민하게 되더라고요." 같이 운을 띄워 보는 것이 한 가지 시도가 될 수 있다.

피드백을 요청받아야 설득이 쉬워진다는 것은 상사가 아니라 누구를 향한 피드백이어도 동일하게 적용된다. 동료나 후배에게 행동이 잘못되었음을 지적해야 하는 상황인 경우에도 설득에 들어가기 전에 피드백 대화에 대한 요청을 받도록 노력해 보자. 예를 들어 잦은 지각으로 문제가 되는 후배에게 주의를 전달하고 싶다면 "출근시간에 대해 이야기 좀 해요."라고 하기보다, "신경 쓰면 좋을 부분이 눈에 띄어서 그러는데, 잠깐 이야기해도 될까요."

라고 시작해보자. 앞서 이야기한 것처럼 옆구리 찔러 인사를 받는 식이지만 후배 입장에서는 "네 부탁드려요."라고 자기가 스스로 이야기를 하는 것만으로도 대화에 임하는 마음이 달라질 것이다.

정보에 대한 리뷰에 충실하기

피드백 설득 커뮤니케이션에서 흔히 하는 실수는 정보 전달을 건너뛰고 나의 주장으로 성급히 넘어가는 것이다. 다음 두 대화를 비교해보자.

대화 1

"○○ 씨. 최근 작업했던 경쟁사 분석 보고서와 매출 분석 보고서 두 작업이 예정된 제출 시한을 넘긴 것으로 알고 있어요. 두 번 연달아 제출 시한을 넘기는 것은 드문 경우여서 팀장님도 주목하고 있어요. 앞으로 이런 일이 발생하지 않기 위해 내가 도와줄 부분이 있을까요?"

대화 2

"○○ 씨는 약속된 일정을 중요하게 생각하지 않는 것 같아요. 최근 연달아 두 번 보고서를 제출 시한을 넘겼다면서요. 이런 일이 반복되면 큰 문제가 될 수 있어요."

두 번째 대화의 경우도 후배를 걱정하는 마음에 어렵게 꺼낸 이야기일 수 있지만, "당신은 이런 사람이야."라는 단정적인 평가를 먼저 듣는 순간 "내가 늘 그런 것은 아닌데."라는 방어적인 마음이 생기기 쉽다. 반면 첫 번째 대화에서 화자는 상대방도 인정할 수밖에 없는 정보를 전달하는 방법으로 상대방이 현 상황에 대해 정확하게 자각하도록 돕고 있다.

건강한 사람은 본인이 간과하거나 잘못한 상황에 대해 정확한 정보를 접하게 되면 생각을 집중해 자신이 무엇을 고치고 바꾸어야 하는지 판단한다. 밖에서 주입한 평가가 아니라 스스로의 판단으로 현재 상황에 변화가 필요하다고 인식할 때 진짜 변화가 이루어질 가능성이 높다. 부족한 부분을 어떻게 하면 끌어올릴 수 있을지에 대해 추가적인 정보와 조언이 필요할 수는 있지만, 역량을 끌어올릴까에 대한 고민은 상황을 개선해야 한다는 의지와 책임감이 생긴 다음의 일이다.

때문에 현 상황에 대한 인식을 도와줄 수 있는 정보에 대한 충분하고 정확한 리뷰를 할 수 있는 기회를 만드는 것이 가장 중요한 시작점이다. 그러나 우리는 너무 자주 성급한 '판단'과 '지적'으로 상대방이 스스로 상황을 인식할 수 있는 중요한 첫 단추를 망쳐버리곤 한다.

효과적인 커뮤니케이션을 연구한 심리학자 토머스 고든이 강조한 I 메시지 화법[8]이 피드백 대화에서 유용한 도구로 인정되는 것은 상대방에게 정확한 상황에 대한 정보에 집중하도록 도와주기 때문이다. I 메시지 화법의 반대는 You 메시지 화법이다. "너는 이런 사람이구나." "네가 이렇게 해서 문제가 생겼어."와 같이 상대방에 집중하여 평가적으로 말하는 방식으로 상대를 방어적으로 만든다. 반면 I 메시지는 다음의 구조를 따라간다.

- 상대방의 행동에 대해 사실관계 중심의 중립적인 기술
- 그 행동이 (말하는 사람에게) 초래한 영향
- 그 영향에 대한 말하는 사람의 감정

이 구조를 앞선 사연의 김 차장에게 적용해보면 다음과 같은 대화가 가능할 것이다.

> 팀장님, 지난 주 경영회의 일정이 하루 앞당겨진 것을 당일 오전에 알려주셨어요. 그래서 팀원 여러 명이 급하게 일정을 바꾸어 급하게 보고서 마무리 작업을 해야 했습니다. 일정 계획도 무리한 변동을 해야 했고요. 긴박하게 변경된 일정을 맞추는 것은 스트레스가 높아지는 경험이었어요.

I 메시지는 상대방에 대한 평가나 비난 대신 정확한 상황을 덜 위협적으로 전달할 수 있는 효과적인 기법으로 기억해두자.

성장의 프레임

피드백 메시지를 전달할 때 어떤 프레임을 선택하는지에 따라 수용도 역시 크게 달라질 수 있다. 자꾸 숫자 분석에서 오류를 만들어서 문제가 되는 팀원에게 피드백하는 상황을 생각해보자.

> **성장의 프레이밍**
>
> A씨는 이번 프로젝트 경험을 통해 분석가로서의 전문성을 한 단계 높이는 것이 목적이라고 했죠? 그 목적을 위해서는 안정적으로 정확한 분석을 하는 것이 중요하다고 생각해요. 원하는 수준을 생각했을 때 지금 분석 정확도는 어떤 수준이라고 생각하세요? (부족한 것 같아요.) 그럼 그 차이를 메우기 이해 무슨 노력을 해보면 좋을까요? 제가 어떻게 도와줄 수 있을지 이야기 나누고 싶어요.

> **문제 상황의 프레이밍**
>
> A씨가 얼마전 공유해준 분석결과에 또 오류가 있었어요. 이렇게 오류가 반복되면 분서 담당자로서 A씨의 평판에 큰 오점이 될까 봐 걱정돼요. 빠른 시간에 이 약점을 극복하는 것이 필요한 상황이에요. 어떤 노력을 해보면 좋을까요? 제가 어떻게 도와줄 수 있을지 이야기해주세요.

　두 경우 모두 말투는 상냥하고 도와주고 싶은 마음이 전해지지만 이야기를 듣는 사람의 마음은 다를 수밖에 없다. 문제 상황으로 현재가 규정되면, 모든 노력은 문제가 되지 않는 수준으로 최대한 빨리 도달하는 것에 생각이 한정된다. 또 마음은 방어적이 되어 그러면 내가 무엇을 해야 문제가 없다고 인정해줄 것인지 알려달라는 수동적인 자세가 된다. 반면 앞으로 해야 하는 노력이 내가 원하는 발전을 위한 시도로 수용되면 능동적으로 다양한 시도를 탐색하기 쉬워지고, 본인에게 맞는 노력의 방법을 찾아낼 가능성이 높아진다. 실천의 힘이 더해지는 것은 함께 따라오는 효과다.

　물론 상황이 정말 심각한 문제 수준인데 상대방이 이를 인지하지 못하고 있다면 직설적으로 객관적인 심각성을 알려주어야 할 때도 있다. 하지만 성장 과정에서 겪을 수 있는 크고 작은 개선사항에 대한 피드백이라면 성장의 프레임 안에서 전달해보자.

시간과 장소의 선택

피드백을 전달할 때에는 상대방이 온전하게 자신을 돌아보는 것에 집중할 수 있는 시간과 공간을 확보해야 한다. 특히 다른 사람의 시선을 의식할 필요 없는 프라이빗한 공간을 확보하는 것이 중요하다. 최악의 피드백 전달은 동료들이 다 듣고 있는 상황에서 잘못된 행동에 대한 지적을 하는 것이다. 다른 사람의 시선을 의식하는 상황에서는 메시지에 집중하기 어렵다. 오히려 온 정신이 나의 평판에 어떻 영향을 가져올 것인지에 대한 걱정, 말하는 사람의 배려 없음에 대한 원망, 분노에 집중될 것이다. 이런 커뮤니케이션은 말하는 사람의 감정의 발산이지 설득 커뮤니케이션이 될 수 없다.

시간 또한 신중하게 선택해야 한다. 비교적 마음에 여유가 있는 시간을 선택해야 하는 것에 더해 충분한 시간을 확보해야 한다. 피드백 대화는 메시지가 잘 전달될수록 길어지기 쉽다. 상대방이 피드백 제공자를 신뢰하고 고마워할 경우 더 많은 조언과 고민을 공유하는 경우도 종종 발생한다. 피드백 대화가 핵심을 향해 다가가다가 다음 일정 때문에 급하게 끊어지는 경우를 피하려면 처음부터 충분한 시간을 확보하도록 하자.

인공지능이 설득을 대신할 수 있을까

이 책을 쓰는 동안 가장 떠들썩한 세상의 화두는 생성형 AI였다. 주어진 내용을 논리적으로 구조화하고 근거를 첨부하는 기능에 있어 생성형 AI는 이미 일반인의 수준을 넘어서고 있다. 몇 문장의 프롬프팅이면 꽤나 논리적이고 깔끔하게 정리된 보고서가 빠르게 만들어진다. 인공지능 시대를 살아가는 우리에게 이제 설득은 기계의 영역으로 넘어가는 것일까.

그렇지 않다. 논리적으로 '맞는' 이야기를 준비하는 것은 설득의 절반일 뿐이다. 설득의 과정에는 주어진 정보와 디지털 네트워크를 벗어나 실재하는 대상에 대한 이해와 공감도 필요하다. 상대방이 내가 준비한 논리를 잘 전달받고, 내 이야기에 귀 기울일 마음이 들었을 때 비로소 설득은 완성된다. 상대에 대한 이해를 바탕으로 어떤 논리를 강조하며, 어떤 정보를 부각하고,

어떤 톤으로 전달할 것인지를 조절할 수 있는 사람은 인공지능을 뛰어넘는 다른 수준의 힘을 가지게 되지 않을까.

심리학도의 렌즈를 품고 경험한 20여 년의 비즈니스 설득 경험은 냉철한 논리와 따뜻한 공감의 시너지가 얼마나 중요하고 필요한 것인지 배워나가는 과정이기도 했다. 독자들도 이 책을 통해 자신이 가진 설득 접근법의 강점과 부족한 부분을 살펴보는 계기가 되었으면 좋겠다. 분명히 더 강한 설득력으로 더 큰 영향력을 갖추는 데 도움이 될 것이다.

책에서 나눈 경험과 배움은 20여 년 동안 베인앤드컴퍼니에서 근무하며 함께한 동료들과 아낌없이 조언을 나누어준 멘토들이 있어서 가능했다. 이 기회를 통해 모두에게 감사의 마음을 전한다.

부족한 초보 작가의 글을 책으로 만들어준 인플루엔셜이 있어 첫 책을 낼 수 있었다. 감사드린다.

마지막으로 삶의 롤모델이 되어주신 부모님과 엄마를 응원해주는 두 딸, 그리고 항상 내 편이 되어주는 남편에게 깊은 감사와 사랑을 전한다.

1장 설득하지 않는다

1 Brehm, J. W. (1966). *A Theory of Psychological Reactance*. Academic Press.
2 Festinger, L (October 1962). "Cognitive dissonance". *Scientific American*. 207 (4): 93 – 102.
3 Lord, C. G., Ross, L., & Lepper, M. R. (1979). Biased assimilation and attitude polarization: "The effects of prior theories on subsequently considered evidence". *Journal of Personality and Social Psychology*, 37(11), 2098 – 2109.
4 Huber, J., Payne, J. W., & Puto, C. (1982). Adding asymmetrically dominated alternatives: Violations of regularity and the similarity hypothesis. *Journal of Consumer Research*, 9(1), 90 – 98.
5 Simon, I. (1989). "Choice Based on Reasons: The Case of Attraction and Compromise Effects." *Journal of Consumer Research*, Volume 16, Issue 2, Pages 158 – 174.
6 Pallier, Gerry; Wilkinson, Rebecca; Danthiir, Vanessa; Kleitman, Sabina; Knezevic, Goran; Stankov, Lazar; Roberts, Richard D. (2002). "The Role of Individual Differences in the Accuracy of Confidence Judgments". *The Journal of General Psychology*. 129 (3): 257 – 299.

2장 공감에서 시작하라

1 박지희(2015). 공감(empathy)과 동정(sympathy): 두 개념 대한 비교 고찰. 《수사학》. 2015, vol., no.24, pp. 91-116.
2 Moore, Don A.; Healy, Paul J. (2008). "The trouble with overconfidence". *Psychological Review*. 115 (2): 502 – 517.
3 Asch, S.E. (1951) Effects of Group Pressure on the Modification and Distortion of Judgments. In Guetzknow, H., Ed., Groups, *Leadership and Men*, Pittsburgh, PA, Carnegie Press, 177-190.
4 Freedman, J. L.; Fraser, S. C. (1966). "Compliance without pressure: The foot-in-the-door technique". *Journal of Personality and Social Psychology*. 4 (2): 195 – 202.

4장 단순하게 설득하라

1 Song, H., & Schwarz, N. (2008). "If It's Hard to Read, It's Hard to Do: Processing Fluency Affects Effort Prediction and Motivation". *Psychological Science*, 19(10), 986-988.
2 Sanna, L.J., Schwarz, N. & Small, E.M. "Accessibility experiences and the hindsight bias: I knew it all along versus it could never have happened". *Mem Cogn* 30, 1288 – 1296 (2002).
3 《하버드 비즈니스 리뷰》. The Power of Listening in Helping People Change by Guy Itzchakov and Avraham N. (Avi) Kluger, May 17, 2018

6장 프레임을 설정하라

1 Tversky, Amos; Kahneman, Daniel (1981). "The Framing of decisions and the psychology of choice". *Science*. 211 (4481): 453 – 58.
2 Kunda, Z., Fong, G. T., Sanitioso, R., & Reber, E. (1993). "Directional questions direct self-conceptions". *Journal of Experimental Social Psychology*, 29(1), 63-86
Choi, I., & Choi, Y. (2002). "Culture and Self-Concept Flexibility". *Personality and Social Psychology Bulletin*, 28(11), 1508-1517. 최인철의 《프레임》에 소개된 내용 재인용

3   Weatherhead, P.J. (1979). "Do Savannah Sparrows Commit the Concorde Fallacy?". *Behav. Ecol. Sociobiol.* 5 (4). Springer Berlin: 373-381.

7장 설득에 유리한 환경을 만들어라

1   Petty, Richard E.; Cacioppo, John T. (1986). *Communication and persuasion: central and peripheral routes to attitude change.* Berlin, Germany: Springer-Verlag. p. 4. ISBN 978-0387963440.
2   Zajonc, Robert B. (1968). "Attitudinal Effects of Mere Exposure". *Journal of Personality and Social Psychology.*
3   Milgram, Stanley (1963). "Behavioral Study of Obedience". *Journal of Abnormal and Social Psychology.* 67 (4): 371-8. CiteSeerX 10.1.1.599.92
4   Pearl Y. Martin, Shelby Marrington, "Morningness-eveningness orientation, optimal time-of-day and attitude change: Evidence for the systematic processing of a persuasive communication". *Personality and Individual Differences*, Volume 39, Issue 2, 2005, Pages 367-377, ISSN 0191-8869.
5   Carolyn Yoon, Michelle P. Lee, Shai Danziger (2007), "The effects of optimal time of day on persuasion processes in older adults". *Psychology & Marketing*, Volume 24, Issue 5, p475-495.
6   Zhu, Rui and Argo, Jennifer, "Exploring the Impact of Various Shaped Seating Arrangements on Persuasion" (March 5, 2013). *Journal of Consumer Research*, Forthcoming, University of Alberta School of Business Research Paper No. 2013-18, Available at SSRN: https://ssrn.com/abstract=2228843
7   앞의 책.
8   Gordon, Thomas; W. Sterling Edwards (1995). *Making the patient your partner: Communication Skills for Doctors and Other Caregivers* (Edition of 1997).

설득의 언어
공감을 무기로 소리 없이 이기는 비즈니스 심리 전략

초판 1쇄	2025년 6월 23일
초판 2쇄	2025년 6월 28일
지은이	유달내
발행인	문태진
본부장	서금선
책임편집	임은선　　**편집 2팀** 김광연 원지연
기획편집팀	한성수 임선아 허문선 최지인 이준환 송은하 송현경 이은지 김수현 이예림
마케팅팀	김동준 이재성 박병국 문무현 김윤희 김은지 이지현 조용환 전지혜 천윤정
저작권팀	정선주
디자인팀	김현철 이아름
경영지원팀	노강희 윤현성 정헌준 조샘 이지연 조희연 김기현
강연팀	장진항 조은빛 신유리 김수연 송해인
펴낸곳	㈜인플루엔셜
출판신고	2012년 5월 18일 제300-2012-1043호
주소	(06619) 서울특별시 서초구 서초대로 398 BnK디지털타워 11층
전화	02)720-1034(기획편집)　02)720-1024(마케팅)　02)720-1042(강연섭외)
팩스	02)720-1043
전자우편	books@influential.co.kr
홈페이지	www.influential.co.kr

ⓒ 유달내, 2025

ISBN 979-11-6834-297-2 (03320)

- 이 책은 저작권법에 따라 보호받는 저작물이므로 무단 전재와 무단 복제를 금하며, 이 책 내용의 전부 또는 일부를 이용하려면 반드시 저작권자와 ㈜인플루엔셜의 서면 동의를 받아야 합니다.
- 잘못된 책은 구입처에서 바꿔 드립니다.
- 책값은 뒤표지에 있습니다.
- ㈜인플루엔셜은 세상에 영향력 있는 지혜를 전달하고자 합니다. 참신한 아이디어와 원고가 있으신 분은 연락처와 함께 letter@influential.co.kr로 보내주세요. 지혜를 더하는 일에 함께하겠습니다.